Le droit international
à l'épreuve de la puissance américaine

Entreprises et Management
Collection dirigée par Ludovic François

La collection *Entreprises et Management* est destinée à accueillir des travaux traitant des questions liées aux sciences de gestion et à l'entreprise. Les ouvrages publiés ont pour la plupart une vocation pratique. Certains d'entre eux sont issus de thèses professionnelles soutenues à HEC.

Déjà parus

G. RENARD, *Les règles communautaires en matière d'Etat et la fiscalité*, 2005
B. GIBERT, A. MARAUT, B. TELLE, *Et après le pétrole ? Risques et enjeux géopolitico-financiers pour les Emirats Arabes Unis*, 2005.
Alain BOLLE, *Le produit de la délinquance de proximité. L'économie souterraine*, 2004.
Lise MOUTAMALLE, *L'intégration du développement durable au management quotidien d'une entreprise*, 2004.
Charles-Henri Lafont, *Les processus de privatisation en Bulgarie et en Roumanie (1989-2002) : Une transition confisquée ?*, 2004.
Sandrine BOUDANA et Julien IVERS, *La vente par réunion. Enquête sur les réseaux de la confiance*, 2004.
Malorie MANI, *L'Union Européenne dans la lutte contre le blanchiment*, 2003.
Marc SORBIER, *La clientèle commerciale : cession, location et partage*, 2003.
Emmanuel CAULIER, *Investir en Russie : une approche juridique globale*, 2003.

Géraldine Lhommeau

Le droit international à l'épreuve de la puissance américaine

Préface de Pascal Boniface

L'Harmattan	**L'Harmattan Hongrie**	**L'Harmattan Italia**
5-7,rue de l'École-Polytechnique	Kossuth L. u. 14-16	Via Degli Artisti, 15
75005 Paris	1053 Budapest	10124 Torino
FRANCE	HONGRIE	ITALIE

© L'Harmattan, 2005
ISBN : 2-7475-8553-0
EAN : 9782747585538

PRÉFACE

Le XXème siècle aura vu le droit international augmenter son emprise sur le monde. Toute société a besoin d'un droit et la société internationale n'y fait pas exception. Ce n'est pas qu'il n'y ait eu aucune règle auparavant.
Le développement des relations internationales s'était accompagné en effet du développement de normes et de règles qui les rendaient possible. Les cités grecques se sont souvent engagées à soumettre leurs différends à l'arbitrage. Le statut des représentants des États à l'étranger a toujours fait l'objet d'un traitement particulier. Et le XIXème siècle aura vu l'essor d'organisation internationale fonctionnelle afin de régir les fleuves internationaux, les échanges postaux, etc.
Ce qui a changé au XXème siècle, c'est que le droit international s'est affirmé tout d'abord pour réglementer la guerre, puis pour l'interdire. Cela a été payé au prix de deux guerres mondiales. Évidemment, la guerre n'avait pas disparu du paysage mais contrairement à la situation prévalant au XIXème siècle, elle était illégitime et illégale.
Le droit est toujours le produit d'un rapport de force. Les plus puissants ont plus de chance de créer des règles que les plus faibles. Mais une fois que la règle de droit est créée, elle s'impose à tous et elle vient donc protéger les plus faibles. Ce fut le cas de l'interdiction de recourir à la force dans le droit international; ce sont bien les petits États qui étaient autrefois soumis à la menace permanente des grandes puissances et qui ont été protégés par cette règle tant qu'elle était respectée.
Parallèlement, on a vu à côté de l'interdiction du recours à la force dans les relations internationales, se développer le droit

humanitaire ou encore les droits de l'Homme, afin de respecter les droits individuels et collectifs des peuples. De la Déclaration Universelle des Droits de l'Homme à l'interdiction de la torture, la création d'une cour pénale internationale est le dernier acte fort dans cette lignée.

Ce sont toutes ces règles qui ont été remises en cause à propos de la guerre d'Irak. Ceux qui s'opposaient à la guerre ne le faisaient pas, pour la très grande majorité d'entre eux, par soutien au régime de Saddam Hussein. Au contraire, on peut dire que de nombreux partisans de la guerre ne s'étaient guère émus auparavant des exactions commises par ce régime, alors que ceux qui avaient dénoncé son caractère violent et inhumain s'opposaient à la guerre. Ce qui était en cause, outre la stabilité du Proche-Orient, c'était bien l'usage de la règle de droit. Pouvez-on rayer d'un trait de plume la lente progression du droit international au cours du XXème siècle, et revenir à un monde où la loi du plus fort s'exerce et où une grande puissance peut sans aucun problème s'exonérer de règles qu'elle a elle-même créé pour des questions d'opportunité stratégique ? Peut-on par ailleurs, au nom de la guerre contre le terrorisme, s'exonérer des conventions de protection des droits de l'Homme, et introduire un retour en arrière auquel nul n'aurait songé lorsque le mur de Berlin est tombé ? C'était bien là l'enjeu. Est-on entré dans le XXIème siècle avec un retour au droit ou à l'absence de droit prévalant au XIXème ?

Le droit international est imparfait, du moins offre t-il un cadre connu, général et valable pour tous. Dans un monde globalisé, où la puissance ne signifie pas pour autant sécurité - le 11 septembre le montre bien - il est non seulement condamnable moralement, mais également stratégiquement dangereux, de vouloir remettre en cause les règles de droit patiemment édifiées. L'intérêt de l'ouvrage très pertinent de Géraldine Lhommeau, est de mêler approche juridique et approche stratégique, alors qu'elles sont trop souvent traitées de façon clairsemée. Le respect du droit est devenu un enjeu stratégique. Ce que démontre fort bien cet ouvrage.

Pascal BONIFACE

Directeur de l'Institut des Relations Internationales et Stratégiques

SOMMAIRE

Préface 7
Principales abréviations 13
Introduction 15

PREMIERE PARTIE : Les Etats-Unis en marge du droit international 25

Chapitre I : Consécration de l'unilatéralisme américain après les attentats du 11 septembre 2001 ... 27
I.   L'émancipation progressive du cadre international multilatéral 27
II. De l'unilatéralisme à l'impérialisme de l'administration Bush après le 11 septembre 2001 . 40

Chapitre II : Le dévoiement du concept de légitime défense dans la guerre contre le terrorisme 57
I.   De l'intervention en Afghanistan... 57
II. ...au concept de guerre préventive en Irak 74

Chapitre III : Le non respect des Conventions de Genève 89
I.   Le droit de Genève ou les règles applicables aux conflits armés 89
II. Les exactions commises par la coalition 102

DEUXIEME PARTIE : Les perspectives d'avenir du droit international..129

Chapitre I : Les lacunes du droit international............131
I.   L'absence d'un droit international du terrorisme....131
II.   Le discrédit de l'ONU en matière de lutte contre le terrorisme 146

Chapitre II : L'indispensable survie d'un droit international aujourd'hui déficient........................159
I.   L'impossible mise en œuvre des règles de la responsabilité internationale...............................159
II.   De la confusion mondiale à la force du droit international..177

Chapitre III : La nécessaire réforme de l'Organisation des Nations Unies...191
I.   Les enjeux de la réforme.......................................191
II.   Une réforme d'envergure......................................204

Conclusion...219
Bibliographie 223
Table des matières....................................237
Sommaire des annexes.............................247

PRINCIPALES ABREVIATIONS

CDI : Commission du Droit International
CICR : Comité International de la Croix Rouge
CIJ : Cour Internationale de Justice
CPI : Cour Pénale Internationale
DIH : Droit International Humanitaire
DIP : Droit International Public
FMI : Fond Monétaire International
ONG : Organisation Non Gouvernemental
ONU : Organisation des Nations Unies
OTAN : Organisation du Traité de l'Atlantique Nord
SDN : Société des Nations
TMI : Tribunal Militaire International
TPIR : Tribunal Pénal International pour le Rwanda
TPIY : Tribunal Pénal International pour l'ex Yougoslavie

INTRODUCTION

Le droit international public (DIP) est le droit applicable à la société internationale, c'est-à-dire au contexte, à l'environnement relatif aux relations qui dépassent les frontières de l'Etat. Dans ce cadre, il n'existe pas d'autorité supérieure, les Etats sont souverains et il est donc nécessaire que des règles juridiques viennent encadrer ces relations.

Dans un premier temps, il s'est agit d'un droit interétatique, mais avec l'émergence des organisations non gouvernementales (ONG) comme acteur des relations internationales, le DIP ne pouvait plus se cantonner au cadre étatique et aujourd'hui, l'Organisation des Nations Unies (ONU), créée après la seconde guerre mondiale, constitue la figure de ce droit international.

Pour comprendre l'esprit du droit international il convient de revenir préalablement sur ses origines et sur les différents courants qui l'ont inspiré.

En effet le DIP a connu une constante évolution. S'il est assez récent dans sa forme moderne, certains principes trouvent leur fondement dans des concepts utilisés et développés avant Jésus Christ ou encore à l'époque grecque ou l'époque romaine (dans l'antiquité, on assiste ainsi à l'émergence de principes de guerre, de paix et d'arbitrage et aux alliances entre cités...Chez les romains, les engagements internationaux deviennent écrits...)

Les prémisses du droit international public

Le droit international classique émerge avec la naissance de l'Etat moderne (la Grande-Bretagne étant le premier Etat à prendre une forme moderne en 1215 avec la Magna Carta) c'est-à-dire une entité politique se définissant comme souveraine à l'intérieur et dans les limites d'un territoire, et de la société interétatique, avec la mise en forme de grands principes tels que la souveraineté de l'Etat, défendus par Jean Bodin dès le XVIe siècle.
A cette époque cependant il est communément admis que les relations internationales sont régies par le droit naturel (jus naturalis) qui reconnaît l'existence d'une communauté internationale et subordonne l'Etat au respect de ce droit, voulu et dicté par Dieu. Par la suite le droit naturel sera systématisé et laïcisé par Grotius, père fondateur de « L'Ecole du droit de la nature et des gens », qui affirme que le droit naturel « consiste dans certains principes de la droite raison » qui fournissent aux Etats et aux individus les critères du bien et du mal et qui doivent guider leur conduite. En 1625, il écrit « Du droit de la guerre et de la paix » (De juri belli ac pacis), dans lequel il s'interroge sur les concepts de guerres justes et injustes : « Quand une guerre touche aux intérêts fondamentaux d'un Etat souverain, il s'agit d'une guerre injuste ». Il s'agit du premier ouvrage juridique traduit dans toutes les langues européennes. Ce courant idéaliste persistera longtemps avant d'être supplanté dans la seconde moitié du XIXe siècle par le positivisme qui se réclame d'une démarche scientifique.
Cependant, si pour les 'objectivistes' comme Georges Scelle l'Etat est subordonné à ses obligations internationales, pour

d'autres, les 'volontaristes', il n'existe d'autres fondement à l'autorité de la règle de droit dans l'ordre international que la volonté de l'Etat (Dionizio Anzilotti). C'est ce dernier courant qui reste aujourd'hui prédominant.

Le Traité de Westphalie signé le 24 octobre 1648 mettant fin à la guerre de Trente ans est quant à lui considéré comme la première manifestation multilatérale du droit international. Il pose le principe de l'équilibre entre Etats (éviter une superpuissance sur le territoire européen) et définit les limites territoriales des Etats qui constitueront la base de tous les accords internationaux jusqu'à la Révolution française.

La Guerre de Trente ans n'aura pas seulement été la dernière guerre de religion qui mit aux prises catholiques, calvinistes et luthériens dans toute l'Europe centrale et orientale, mais elle marqua aussi la transition des Etats de type médiéval aux « temps modernes ». En anéantissant les rêves de domination des Habsbourg, la Guerre de Trente Ans mit à bas le Saint Empire, dernier héritage de l'Empire européen de Charlemagne, donnant ainsi à l'Europe un nouvel équilibre.

Les grands principes du DIP classique se dégagent donc progressivement et reçoivent pleine application au XIXe siècle :
- Les Etats sont souverains et égaux entre eux
- La société internationale est interétatique (le DIP ne concerne pas les personnes)
- Le DIP dépend de la volonté et du consentement des Etats
- Seuls les Etats souverains conduisent les relations internationales
- La guerre est permise entre les Etats souverains.

A la fin du XIXe siècle, le besoin d'organiser des services communs pour tous les Etats se fait sentir ainsi qu'une réflexion sur la paix dans le cadre des Conférences de La Haye de 1899 à 1907. Sont alors proposées des conventions régissant la prévention de la guerre, la conduite des hostilités et le droit humanitaire.

Essor du droit international public entre les deux guerres mondiales : de la SDN à l'ONU

En réaction aux horreurs de la Première Guerre mondiale, émerge l'idée d'empêcher la guerre. Avec la disparition des empires Ottoman et Austro-hongrois, et la naissance de nouveaux Etats, chaque peuple constitue désormais une Nation et a de fait le droit de devenir indépendant. Apparaissent alors de nouvelles ambitions telles que la volonté de limiter le droit de la guerre voire de l'éradiquer.

En 1919, la Société des Nations (SDN) est crée à l'initiative du président américain Woodrow Wilson (toutefois les Etats-Unis n'ayant pas adhéré au Traité, ils ne seront pas membres de l'organisation). Celle-ci a pour objectif d'assurer la paix mondiale en garantissant l'égalité des Nations, ainsi que l'indépendance politique et l'intégrité territoriale de tous les Etats par le biais du principe de la sécurité collective qui repose sur l'engagement des Etats membres de ne jamais déclarer la guerre ; le recours systématique à des procédures de conciliation en cas de différents entre Etats; la révision des traités dépassés, injustes, inégaux ; ou encore la recherche négociée d'un désarmement général.

Cependant, l'unanimité requise au sein du Conseil de la SDN pour désigner l'agresseur en cas de conflit, va limiter considérablement les capacités d'intervention de cette organisation, d'autant qu'elle ne dispose d'aucune force militaire internationale pour faire respecter ses décisions. Créée pour préserver la paix, la SDN n'a pu empêcher la course à la Seconde Guerre mondiale.

Par ailleurs, dès 1899 lors des conférences de La Haye est envisagée l'instauration progressive d'une juridiction internationale, qui sera consacrée en 1920 dans le cadre de la SDN par la création de la Cour Permanente de Justice Internationale (CPJI), à laquelle succèdera dans le cadre de l'ONU la Cour Internationale de Justice (CIJ).

En 1928 le Pacte Briand Kellogg à l'initiative de la France et des Etats-Unis met définitivement la guerre hors la loi

A la lumière des évènements de la Seconde Guerre mondiale, l'expression *Nations Unies* émerge, due au Président des Etats-Unis, Franklin D. Roosevelt et par laquelle les représentants de 26 pays s'engagent à poursuivre ensemble la guerre contre les puissances de l'Axe. Elle apparaît pour la première fois dans la *Déclaration des Nations Unies* du 1er janvier 1942.
La Charte des Nations Unies fut élaborée par les représentants de 50 pays à la Conférence des Nations Unies sur l'Organisation internationale, réunie à San Francisco du 25 avril au 26 juin 1945. Ils s'appuyèrent sur les propositions rédigées entre août et octobre 1944 par les représentants de la Chine, des Etats-Unis et de l'URSS et la Charte fut signée le

26 juin 1945 par les représentants des 50 pays. La Pologne, qui n'avait pas été représentée à la Conférence, la signa plus tard, mais elle fait néanmoins partie des 51 Etats Membres originels. L'Organisation des Nations Unies naquit officiellement le 24 octobre 1945, lorsqu'elle fut ratifiée par la Chine, les Etats-Unis, la France, le Royaume-Uni et l'URSS et par la majorité des autres pays signataires.

La Charte des Nations Unies représente aujourd'hui encore la base du système juridique international et c'est dans le cadre de l'ONU que s'est développée la société transnationale que l'on connaît, caractérisée par la prolifération d'Etats hétérogènes, la multiplication des Organisations Internationales et l'apparition de personnes privées sur la scène internationale. En effet, dans un premier temps, l'ONU a servi de tribune à la multiplication des Etats, principalement en étant garante du mouvement de décolonisation dans les années 1960[1].

D'autre part, elle s'est dotée d'une vingtaine d'organisations spécialisées par secteurs (Haut Commissariat pour les Réfugiés, Organisations Mondiale de la Santé...), certaines ayant une vocation intergouvernementale, d'autres non gouvernementale (ONG) ou régionale.

Ce mécanisme des organisations est à l'origine de la « Soft law », c'est à dire du mécanisme par lequel les Etats acceptent implicitement de se plier à des règles qui ne sont

---

[1] ONU, Résolution 1514, *Déclaration sur l'octroi de l'indépendance aux pays et peuples coloniaux,* 14.12.1960

pas écrites mais qui s'imposent néanmoins à eux. Tel peut être le cas de la coutume, des principes généraux du droit, de l'équité ou encore du *Jus cogens*, une norme impérative du droit international général, porteuse de principes qui s'imposeraient à la conscience universelle, acceptée et reconnue par la communauté des Etats dans son ensemble en tant que norme à laquelle aucune dérogation n'est permise et qui ne peut être modifiée que par une nouvelle norme de droit international général ayant le même caractère.

Enfin, les personnes privées, morales ou physiques, sont désormais acteurs de la société internationale. Les personnes sont titulaires de droits et d'obligations sur la scène internationale et peuvent bénéficier d'une garantie de leurs droits par l'intermédiaire de conventions telles que la Convention Européenne des Droits de l'Homme et des libertés Fondamentales (CEDH).

Le droit, instrument et enjeu de la politique internationale

Le droit international comporte un ensemble de techniques et de procédures que les Etats utilisent pour donner à l'expression de leur volonté et à la satisfaction de leurs intérêts un caractère formel, doté en principe de la force obligatoire. De fait, le droit international et la politique internationale entretiennent des liens étroits puisque le premier est l'instrument de la seconde. Par ailleurs, la référence aux valeurs communes contenues dans la Charte des Nations Unies incite les Etats à défendre une communauté internationale fondée sur le respect du droit.

Cette affirmation demeure même si les Etats persistent, par leurs comportements, à se laisser guider par leurs intérêts individuels. Ainsi, lorsqu'un Etat estime que la réalisation de la règle à laquelle il s'est obligé ne répond plus à la satisfaction de ses intérêts, il tend à en réinterpréter le contenu ou la portée ou encore à en contester l'application à une situation donnée. Cette tendance est d'autant plus grande que l'Etat s'estime fort et ses partenaires dépendants. Les rapports de puissance constituent donc indéniablement un facteur persistant d'affaiblissement du droit international.

Ceci illustre l'écart, que dénonçait Charles de Visscher[2], existant trop souvent entre les théories et la réalité.

La perception américaine du droit international

Il n'existe pas de gouvernement mondial ni de mécanisme de sanction et, au-delà des concepts écrits, l'effectivité du droit international dépend simultanément de différents paramètres tels la puissance des Etats ou sa mise en œuvre dans les ordres juridiques internes.

Aux Etats-Unis, comme dans les pays de common law, il n'y a pas de subordination aux règles de droit international mais deux ordres juridiques distincts. Il s'agit de la doctrine dualiste selon laquelle le droit international peut primer sur la loi mais pas sur la constitution, à l'inverse de la doctrine moniste qui admet la supériorité hiérarchique du droit international sur les normes du droit interne.

---

[2] DE VISSCHER (Charles), *Théories et réalités en droit international*, Paris, Pedone, 4ᵉ édition, 1970

Depuis la Seconde Guerre mondiale, les Etats-Unis ont toujours occupé une place prépondérante au sein des organisations internationales. Tant au sein des institutions de Bretton Woods (Banque mondiale, FMI...) qu'au sein de l'ONU où ils possèdent le seul droit de veto contradictoire, qui leur permet d'avoir un poids supérieur dans les débats. Après la fin de la guerre froide et la chute du bloc de l'Est, les Etats-Unis se sont imposés comme la superpuissance, adoptant une politique de plus en plus unilatérale. Cet unilatéralisme s'est renforcé depuis les attentats du 11 septembre 2001.
Frappé en son cœur, le géant inatteignable allait s'empresser de renforcer sa place sur l'échiquier politique mondial, à commencer par riposter contre le régime taliban en Afghanistan, berceau des terroristes du réseau Al Qaida, auteur présumé des attentats.

Cette guerre a fait couler beaucoup d'encre, tant concernant la légalité des interventions en Afghanistan et en Irak que concernant la puissance américaine. Mais, s'il est aujourd'hui communément admis que Washington n'a pas respecté les dispositions de droit international existantes, il apparaît néanmoins essentiel d'analyser juridiquement les différents éléments de cette guerre, de voir en quoi et pourquoi les Etats-Unis se situent en marge du droit international et d'étudier par conséquent l'avenir de ce dernier.

Certes les Etats-Unis ne sont pas le seul Etat qui ne respecte pas la légalité internationale et de nombreux autres cas de violation du droit international auraient pu retenir notre attention. Mais cette étude visant à s'interroger sur l'avenir du droit international, il semble que l'exemple américain soit le plus déterminant, compte tenu de la place occupée par les Etats-Unis sur la scène internationale et de leur impact sur les Nations Unies.

En effet, dans quelle mesure le droit international pourra t-il conserver un rôle efficace face à la puissance américaine qui ne cesse de passer outre ? Jusqu'à quel point les Etats-Unis pourront-ils se soustraire aux normes internationales ? La lutte contre le terrorisme sonne t-elle le glas du droit international ou au contraire met-elle en lumière les faiblesses du système américain ? Quel peut être l'avenir du droit international et de l'ONU, sont-ils promis à une mort certaine ?
Autant de questions qui alimentent le débat de l'avenir et de l'effectivité du droit international face à la puissance américaine et plus encore dans le cadre de la guerre contre le terrorisme.

L'objet de cet ouvrage n'est pas de faire le procès des Etats-Unis ou d'en blâmer les gouvernements successifs, mais d'analyser objectivement dans un premier temps, au regard des textes juridiques internationaux, comment les Etats-Unis se sont progressivement démarqués et mis en marge du droit international (première partie) et de fait, dans un second temps, de s'interroger sur l'efficacité et l'avenir du droit international (deuxième partie).

PREMIERE PARTIE

Les Etats-Unis en marge du droit international

CHAPITRE I

Consécration de l'unilatéralisme américain après les attentats du 11 septembre 2001

Le 9 novembre 1989, le Mur de Berlin, symbole de l'ordre bipolaire, tombe, marquant ainsi la chute du bloc soviétique. La donne géopolitique mondiale s'en trouve bouleversée, tandis que la puissance américaine s'accroît. Néanmoins, le terrorisme sera rapidement perçu comme une nouvelle menace et au nom de la lutte contre celle-ci, les Etats-Unis s'émanciperont progressivement des règles régissant les relations internationales multilatérales. Les attentats du 11 septembre 2001 conforteront les Etats-Unis dans leur politique internationale et les ambitions de l'administration Bush dans cette guerre du bien contre le mal s'apparenteront à une destinée impérialiste.

I. L'émancipation progressive du cadre international multilatéral

Le mouvement unilatéraliste américain a émergé avec la chute du bloc de l'Est. Par la suite, et transposant les griefs faits à l'ennemi soviétique, les Etats-Unis ont renforcé cet unilatéralisme qui prend aujourd'hui toute son ampleur dans le cadre de la lutte contre le terrorisme.

A. Unilatéralisme émergent dans un contexte post-guerre froide

Depuis la fin de la Seconde Guerre mondiale, les relations internationales étaient largement influencées par les relations entre les deux grands vainqueurs de 1945. Le monde était divisé en deux camps distincts, en deux blocs. Dans ce contexte, un équilibre était conservé grâce à la dissuasion nucléaire dont pouvaient user l'URSS et les Etats-Unis l'un à l'encontre de l'autre. Mais l'année 1989 marque une véritable rupture historique. Témoignage de la fin de l'antagonisme Est/Ouest, l'ordre mondial s'en est trouvé bouleversé et les Etats-Unis ont enfin pu asseoir leur suprématie, du fait notamment de l'absence de contrepouvoirs et d'autres pôles de puissance.

1) La fin de l'ordre bipolaire et l'absence de contrepouvoirs

La rupture de l'équilibre

Depuis le XVIIe siècle, grâce au traité de Westphalie, la société internationale était globalement constituée d'entités équilibrées tant économiquement que militairement. A cet équilibre général s'ajoutait un équilibre particulier entre les Etats les plus puissants de chaque époque. Ceux-ci ont été au travers des siècles la condition d'une relative effectivité du droit international puisqu'en effet, le respect de ce dernier était dû au jeu de la réciprocité, chaque Etat ayant conscience que la violation du droit international à des fins personnelles légitimait la violation de celui-ci par un autre Etat pour défendre des intérêts contraires. C'est ainsi que chaque grande puissance, craignant les représailles de l'autre, s'autolimitait.

Progressivement, l'équilibre général a disparu, au plan militaire avec l'apparition de l'arme nucléaire et au plan économique avec la décolonisation et la naissance de nouveaux Etats ; l'écart entre le Nord et le Sud ne cessant depuis de se creuser. L'équilibre particulier quant à lui, reposant pendant la guerre froide sur la dissuasion nucléaire, a disparu suite à l'Union soviétique en 1989. Il en est résulté une suprématie américaine caractérisée par une supériorité technologique et militaire, et par la faiblesse des concurrents potentiels.

L'effondrement du monde multipolaire

Il n'existe pas depuis la fin de la guerre froide de pôles de puissance capables de se mesurer aux Etats-Unis. Le monde n'est donc plus bipolaire comme il l'était en présence des deux blocs. La Russie n'est aujourd'hui que l'ombre de l'URSS, avec un niveau économique qui ne cesse de décroître. Seule l'Europe pourrait jouer un rôle de régulateur des rapports internationaux. Mais l'Europe politique et militaire en 1989 est quasi-inexistante, l'Europe ne peut donc se substituer à l'URSS pour constituer un nouveau pôle de puissance. Les Etats-Unis n'entendent pas dissoudre l'OTAN et de fait la sécurité du continent européen repose toujours sur cette organisation où les Etats-Unis prédominent.
Le leadership sur les « alliés » contribuera, à chaque crise, à empêcher la constitution d'un pôle européen autonome jouant le rôle d'un contrepouvoir économique et politique dans la

société internationale, et permettra ainsi aux Etats-Unis d'asseoir leur suprématie sur la scène internationale.

2) L'affirmation de la suprématie américaine

Une supériorité multiforme

Depuis que l'Union soviétique ne rivalise plus avec les Etats-Unis dans un monde bipolaire, ces derniers se posent comme la seule superpuissance mondiale. La guerre du Golfe (1990-1991) consacre cette puissance des Etats-Unis qui endosseront progressivement le costume de « gendarmes du monde » ou de « garants de l'ordre international » aux côtés de la diplomatie onusienne. Les Etats-Unis se révèleront rapidement supérieurs dans tous les domaines, ce qui leur vaudra le qualificatif d'hyperpuissance[3].

Sur le plan militaire, traditionnellement le principal élément de la puissance, la prédominance américaine est incontestable. Le budget de la défense n'a cessé de croître pour atteindre en 2004 environ 400 milliards de dollars soit 45 % des dépenses militaires mondiales (qui ont augmenté de 20 % avec l'administration Bush), et plus de 27000 hommes ont été déployés dans le monde. En outre les Etats-Unis disposent des outils de haute technologie et de communication les plus perfectionnés (développement satellites...).

---

[3] Terminologie utilisée par Hubert Védrines, ministre français des Affaires Etrangères de 1997 à 2002, *Face à l'hyperpuissance*, Paris, Fayard, 2003

Sur le plan économique, le mécanisme d'interdépendance économique aujourd'hui en vigueur dans les relations commerciales mondiales, permet aux Etats-Unis d'imposer les termes de l'échange grâce aux ressources naturelles et agricoles qu'ils détiennent. Le PIB demeure au premier rang mondial avec 10 milliards de dollars en 2003 (environ 8 fois celui de la France).

Toutefois la puissance ne se limite pas à des éléments bruts (le hard power). L'idée étant que le pouvoir attractif peut persister au-delà du pouvoir coercitif, la puissance s'entend également d'éléments immatériels et intangibles tels que la cohésion nationale et le rayonnement culturel des Etats-Unis (le soft power). S'il est vrai que ce dernier a perdu de sa crédibilité ces derniers temps et que les Etats-Unis usent plus de leur hard power que de leur soft power, il s'agit désormais de savoir dans quelle mesure ces critères de puissance permettront aux Etats-Unis d'asseoir dans l'avenir leur suprématie sur la scène internationale.
Si l'influence de la langue anglaise et de la culture américaine demeure, le principal atout de Washington relève du militaire. Sur ce plan les Etats-Unis sont inégalables et il est probable qu'ils le restent. Néanmoins cet avantage perd de son impact avec l'émergence des guerres asymétriques qui mettent en lumière les limites de la supériorité technologique.

Enfin les Etats-Unis disposent d'une place de choix dans les organisations internationales (ONU, OTAN, OMC, FMI...) qui leur permet d'avoir un rôle décisif. Conscient de ce leadership, dès 1997, l'ancien président américain Bill Clinton parle de « la nation indispensable ».

Unipolarité de fait ou unilatéralisme de fond ?

Pour autant, il semble difficile de considérer que le monde soit unipolaire. Certes il n'existe à l'heure actuelle que des pôles de puissance émergents, qui ne sont pas encore en mesure de faire contrepoids à la puissance américaine (la Chine, l'Inde...). Néanmoins les acteurs sont trop diversifiés (organisations internationales, ONG, multinationales...) pour que les vues américaines s'imposent à tous. Aucun Etat, si puissant soit-il, ne peut s'imposer sur la scène internationale et décider de la marche du monde sans contestation. Bien au contraire, au sein même des Etats-Unis se développent des contrepouvoirs, et nombreux sont ceux qui s'opposent ouvertement à la politique américaine. Le monde d'aujourd'hui est plutôt globalisé, il n'est ni multipolaire ni unipolaire mais, aucun Etat ne peut y dominer sans partage. Les Etats-Unis ont fait les frais de ce schéma sans pour autant en tirer les conséquences. Au contraire, ils ne cessent d'adopter des positions unilatérales lesquelles sont la manifestation d'un choix politique délibéré d'agir seul et indépendamment du droit international.

Face à cette situation, l'Europe essaie de s'organiser pour faire contre poids. Cela passe par le renforcement d'une Europe puissante, notamment une Europe politique qui reste cependant fragile aujourd'hui malgré les avancées en matière de défense[4].

---

[4] Dans le cadre de la Politique Européenne de Sécurité et de Défense (PESD), ont été mises en œuvre les premières missions de défense de l'UE en 2003. La première mission de police de l'UE en Bosnie

En outre, l'élargissement de l'Europe à 25 membres le premier mai 2004 accentue les difficultés de l'Europe à se prononcer d'une seule voix sur la scène internationale. La faiblesse de l'Europe a parfois même été mise en avant pour justifier la politique unilatérale américaine. Ainsi Robert Kagan estime que les Etats-Unis doivent parfois agir unilatéralement « non point par goût de l'unilatéralisme, mais parce que, face à une Europe faible ayant renoncé à la puissance, ils n'ont guère d'autres choix [...] »[5].
Cet état de fait a permis aux Etats-Unis de renforcer le caractère unilatéral de leur politique, cela particulièrement dans le cadre de la guerre contre le terrorisme.

B. La guerre contre le terrorisme et le renforcement de l'unilatéralisme américain

Avec la chute du bloc de l'Est, les Etats-Unis se retrouvaient sans adversaires. Le Pacte de Varsovie qui unissait les pays de l'URSS ayant été dissout, l'OTAN crée par le traité de Washington en 1949 pour assurer la sécurité du territoire européen, n'avait plus de raison d'être. Pourtant les Etats-Unis ont entendu conserver l'organisation et, il fallait alors en légitimer la survie.

Herzégovine en janvier 2003 ; en mars 2003 l'opération CONCORDIA, première opération militaire de l'UE avec les moyens de l'OTAN, dans l'ancienne République Yougoslave de Macédoine ; ou encore l'opération ARTEMIS en juin 2003 en République Démocratique du Congo (RDC) où, pour la première fois, l'UE dirige une opération militaire de manière autonome.
[5] KAGAN (Robert), *La puissance et la faiblesse*, Plon, 2003, p. 154

Par ailleurs, la menace terroriste s'est progressivement imposée comme le nouvel ennemi de Washington.

1) L'émergence d'une nouvelle menace : le terrorisme

Le nouvel ennemi de Washington

L'unilatéralisme américain et même la lutte contre le terrorisme ne sont pas nés des attentats du 11 septembre 2001. S'ils ont connu une certaine recrudescence sous l'influence de l'administration Bush, ils s'étaient déjà développés tout au long des années 1990 avec l'administration Clinton.
En effet, déjà en 1993, les Etats-Unis avaient bombardé un bâtiment des services secrets à Bagdad et prévoyaient un « programme de contre-prolifération » qui autorisait Washington à lancer des frappes préventives contre des installations nucléaires dans tous les pays soupçonnés de poursuivre un programme militaire clandestin. C'est donc sous le gouvernement Clinton qu'eurent lieu les premiers bombardements sur l'Irak en 1998 lors de l'opération Desert Fox (16/20 décembre 1998), pourtant sans approbation de l'ONU. Ainsi, Bill Clinton considérait déjà l'ONU comme un instrument au service des Etats-Unis et non comme une instance de gestion collective de la société internationale.

Après le 11 septembre 2001, ce nouvel ennemi a désormais un nom, il s'agit du réseau terroriste islamiste, composé de nombreux groupuscules fédérés et financés par une même base, Al Qaida, et traditionnellement incarné par son « chef » Oussama Ben Laden.

Tout ce qui faisait l'accusation contre l'URSS devient réquisitoire contre les Etats terroristes, les « Etats voyous » dont la liste est à géométrie variable selon l'administration, les besoins et les circonstances. « L'axe du mal »[6] défini par George Bush en 2002 n'est que la prolongation du concept « d'Etats voyous » (Rogues States) élaboré sous Clinton[7] pour définir les "Etats qui manifestent une incapacité chronique à traiter avec le monde extérieur"[8] ou ceux qui cherchent à remettre en cause le système de normes et l'ordre international. Cette définition ne reposant pas sur des critères définitifs et objectifs, elle permettait de dresser une liste d'Etats qui variait selon la conjonction et les relations avec Washington (généralement Cuba, l'Iran, l'Irak, la Libye et la Corée du Nord).

La guerre contre le terrorisme de l'administration Bush

La politique étrangère américaine s'oriente autour de deux principes fondamentaux évoqués lors de discours officiels. D'une part dans son discours devant le congrès le 20 septembre 2001, George W. Bush déclarait : « tout Etat, partout dans le monde, doit adopter une position : soit vous êtes avec nous, soit vous êtes avec les terroristes. A partir de

---

[6] BUSH (Georges W.), *Discours sur l'état de l'Union le 29 janvier 2002*, http://whitehouse.gov/news/releases/2002/01/20020129-11.html
[7] Notons qu'il s'agit d'un élément évolutif de la politique étrangère américaine. Ronald Reagan fixait déjà comme principal objectif de sa politique étrangère l'instauration de « la paix par la force » contre un ennemi double : l'union soviétique et le terrorisme international qu'il qualifiait « d'empire du mal ».
[8] LAKE (Anthony), (ancien conseiller du président pour la sécurité nationale), *Foreign affairs*, 1994

ce jour, tout Etat qui continue d'abriter ou de soutenir le terrorisme sera considéré par les Etats-Unis d'Amérique comme un régime hostile ». D'autre part, Washington veut redéfinir les coalitions et trouver des partenaires à la carte selon ses besoins, selon Donald Rumsfeld « Ce n'est plus la coalition qui définit la mission, mais la mission qui définit la coalition »[9]. C'est au regard de ce principe que l'OTAN a été évincée de la campagne militaire en Afghanistan (opération Enduring Freedom) à l'automne 2001, alors qu'elle avait proposé la mise en œuvre l'article 5 du Traité de l'Atlantique Nord qui prévoit une assistance mutuelle en cas d'agression d'un des membres.

Dans son discours sur l'Etat de l'Union, George W. Bush, a réunit les principaux « rogues states » de Bill Clinton dans un « axe du mal » constitué principalement de l'Iran, l'Irak et la Corée du Nord, l'Afghanistan étant alors neutralisé. Ce concept demeurant assez large pour y introduire, le cas échéant, des pays tels que la Syrie, la Libye et par extension les mouvements islamistes.
La nouvelle administration Bush semble, quant à elle, avoir adopté un nouveau concept, celui de « postes avancés de la tyrannie »[10].

---

[9] Discours de Donald Rumsfeld du 23.09.2001 sur CBS, cite in *Le Monde* du 25.09.2001

[10] Le 18 janvier 2005, Condoleeza Rice, nommée secrétaire d'Etat de la nouvelle administration Bush, qualifiait le Belarus, , la Birmanie, la Corée du Nord, Cuba, l'Iran et le Zimbabwe de « postes avancés de la tyrannie » et rappelait qu'une des tâches de l'administration américaine « serait de répandre la démocratie et la liberté à travers le monde ».
« Après « l'axe du mal » en 2002, les six « postes avancés de la tyrannie », *Le Monde*, 18.01.2005

2) Consécration de la politique de primauté des intérêts américains

La Nouvelle Stratégie de Sécurité Nationale

Pour Washington il y a un avant et un après 11 septembre : « dividing ». Heurtée en plein cœur par les attentats du World Trade Center, l'Amérique est « en guerre » ; le symbole du géant invulnérable et intouchable a été brisé.

Adoptée par George W. Bush en septembre 2002, la Nouvelle Stratégie de Sécurité Nationale (The National Security Strategy of United States)[11] pose les nouveaux concepts de la politique étrangère américaine parmi lesquels la doctrine de la légitime défense préventive : « Les Etats-Unis s'efforceront constamment de rallier l'appui de la Communauté Internationale, mais ils n'hésiteront pas à agir seuls, s'il le faut pour exercer leur droit de légitime défense préventivement contre ces terroristes afin de les empêcher de porter atteinte au peuple et à la nation américaine ».

Le projet d'universaliser leur culture y est clairement définit : « Les Etats-Unis tireront parti des possibilités qui

---

[11] The National Security Strategy of the United States, <http://www.whitehouse.gov/nsc/nss.pdf>, en français sur <http://usinfo.state.gov/regional/af/security/french/f2092401.htm>

s'offrent à eux en cette conjoncture pour étendre les bénéfices de la liberté au monde entier. Nous nous emploierons à porter l'espoir de la démocratie, du développement, des libres marchés et du libre échange aux quatre coins du monde.».
« Les Etats-Unis jouissent d'une puissance et d'une influence sans précédent et inégalées dans le monde. Reposant sur la foi dans les principes de la liberté et de la valeur d'une société libre, cette situation est assortie de responsabilités, d'obligations et de possibilités sans parallèle. La force de notre Nation doit être employée pour promouvoir un équilibre des puissances qui privilégient la liberté ».

Une vision manichéenne et simpliste du monde

Le Manichéisme se dit de toute doctrine fondée, comme celle de Manès (né en Perse au début du IIIe siècle), sur la coexistence des deux principes opposés du bien et du mal. A cette image, la politique américaine évolue dans une logique binaire et dès les attentats du 11 septembre 2001, les Etats-Unis se sentent investis d'une mission salvatrice à l'égard de la communauté internationale. Dès lors ils se posent comme défenseurs et comme garant de la paix et de la stabilité internationales dans la lutte du bien contre le mal. A cela s'ajoute une dimension religieuse, celle du rôle confié par Dieu à l'Amérique, cette « destinée manifeste » qui guide les gouvernants (manifest destiny).
Dans son discours du 20 janvier 2005 à l'occasion de son second mandat, George W. Bush a d'ailleurs réaffirmé le rôle

de « leader moral de l'Amérique » et son ambition de « croisade mondiale pour la liberté »[12].

Les Etats-Unis ne perçoivent le monde qu'au travers d'une scission entre les bons, à leur image, et les mauvais, « l'axe du mal ». « Soit vous êtes avec nous, soit vous êtes avec les terroristes » ; cette phrase du président Bush illustre parfaitement le fil conducteur de la politique américaine. Il semble que le gouvernement américain se refuse à envisager le monde et les relations internationales dans la complexité qui les caractérise pourtant. S'opposer à l'intervention armée en Irak ne signifiait par pour autant cautionner le terrorisme. Au contraire, une intervention pouvait accroître le sentiment de frustration des populations, constituer un engrenage à la violence et grossir les rangs des terroristes. Le conflit irakien témoigne d'ailleurs malheureusement de cette évolution.

Persuadés que le modèle américain, *l'American Way of Life*, est le meilleur et qu'il ne peut y avoir d'émancipation en dehors du cadre de la démocratie, les Etats-Unis envisagent de l'exporter « clés en main », notamment aux pays du sud et du Moyen Orient, ne tenant absolument pas compte ni des coutumes, ni des religions, ni des régimes existants. Ce faisant, peu importe que la démocratie ne soit pas exportable et que, pour qu'elle perdure elle doive être le fruit d'une longue mutation interne.

Les Etats-Unis et leurs alliés considèrent ouvertement que certains peuples ne sont pas « capables » et que les Etats « civilisés » sont fondés à les désarmer et à les administrer

---

[12] LESER (Eric), " George Bush fixe une mission à l'Amérique : libérer le monde", *Le Monde*, 22.01.2005

dans le cadre de structures multilatérales occidentales ou sous direction américaine unilatérale. Ceci n'est pas sans rappeler le système des mandats prévu par la SDN et relayé par le régime des tutelles prévu par l'ONU, qui consistaient à placer certains peuples sous l'autorité des grandes puissances du fait de leur non aptitude à se diriger eux-mêmes, afin que ces dernières exercent « la mission sacrée d'assurer le progrès politique, économique et social des populations ».

Or rien n'est plus dangereux que des empires qui défendent leurs seuls intérêts en s'imaginant qu'ils rendent ainsi service à l'humanité tout entière. Tel est pourtant le dessein des Etats-Unis qui, certes guidés par des intérêts économiques et stratégiques personnels, restent néanmoins persuadés que ce qui est bien pour eux l'est pour l'ensemble du monde.

II. De l'unilatéralisme à l'impérialisme de l'administration Bush après le 11 septembre 2001

Forts de leur puissance, les Etats-Unis parviennent à s'imposer sur la scène internationale et s'émancipent progressivement de tout formalisme juridique international. Ce désaveu de l'ordre mondial caractérisé par un unilatéralisme grandissant se double progressivement d'un dessein impérialiste.

A. Le désaveu de l'ordre juridique mondial dans la continuité de l'administration Clinton

L'unilatéralisme américain se traduit par un total mépris pour les règles et les institutions internationales. Les contraintes du DIP ne semblent alors s'imposer qu'aux autres Etats et les Etats-Unis, se situant au dessus de la communauté internationale s'estiment fondés à lui imposer certaines lois.

1) Le mépris du droit et des institutions internationales

L'émancipation du cadre de l'ONU au nom de la sécurité intérieure

La stratégie américaine affiche clairement, dans la continuité de la politique de Bill Clinton, la volonté de se soustraire de tout cadre multilatéral contraignant et refuse tout enfermement dans le cadre de la légalité internationale. Les deux administrations s'accordent sur le fait que « la sécurité du pays ne doit dépendre d'aucune contrainte extérieure », comme le rappelle Mme Condoleezza Rice, alors conseillère à la sécurité nationale et récemment nommée secrétaire d'Etat dans la nouvelle administration de George W. Bush. Il s'agit donc pour les Etats-Unis de restreindre la compétence des Nations Unies à des fonctions subordonnées de type caritatif ou humanitaire.

Lors du Forum économique mondial de Davos, Colin Powell, alors secrétaire d'Etat américain, déclarait que « les Etats-Unis avaient le droit souverain d'engager une action militaire », ajoutant que « chaque fois que nous serons convaincus de quelque chose, nous montrerons la voie »[13], revendiquant ainsi un pouvoir souverain de recourir à la force pour garantir leur sécurité nationale, et ce au mépris des principes fondamentaux du droit international. Forts de leur puissance grandissante depuis les années 1990, les Etats-Unis démantèlent l'architecture internationale de sécurité et remettent en question l'ensemble des accords internationaux qui régulaient jusqu'alors la sécurité du globe.

Le démantèlement de l'architecture internationale de sécurité

Le nombre de traités fondamentaux non ratifiés par les Etats-Unis est significatif. A titre d'exemple on peut citer le Pacte international relatif aux droits économiques, sociaux et culturels de 1966 ; les Protocoles I et II additionnels aux Conventions de Genève de 1949, respectivement relatifs à la protection des victimes des conflits armés internationaux et à la protection des victimes des conflits armés non internationaux ; la Convention des Nations Unies sur le droit de la mer de 1982 ; la Convention des Nations Unies sur les droits de l'enfant de 1989 ; le Protocole de Kyoto sur les changements climatiques en 1997. Un an après la dénonciation du traité de défense antimissile (Traité ABM) qui avait été élaboré sur les principes d'équilibre des forces et de destruction mutuelle assurée, pendant la guerre froide, et après la relance du projet de défense antimissile, l'administration Bush porte un nouveau coup au multilatéralisme en refusant de ratifier le statut de la Cour Pénale Internationale (CPI).

---

[13] *The Wall Street Journal*, New York, 27.01.2003

De surcroît, dans le cadre de la guerre contre le terrorisme, Washington a accentué sa lecture sélective de la prolifération nucléaire, différenciant les pays selon qu'ils sont alliés ou non à l'Amérique. Ainsi le traité TNP de non prolifération nucléaire, traité discriminatoire puisqu'il autorise les puissances nucléaires d'avant 1972 à le rester alors que les autres n'ont pas le droit de se pourvoir ou de fabriquer d'armes nucléaires, est interprété selon les vues de la politique étrangère américaine et ce, indépendamment des ratifications du traité. En effet les pays formant « l'axe du mal », l'Irak, l'Iran et la Corée du Nord, accusés de mener des programmes d'armes de destruction massive sont considérés comme de mauvais proliférants alors même que deux d'entre eux sont signataires du traité TNP, la Corée du Nord s'en étant retiré. A l'inverse, le Pakistan, signataire du traité et récent allié des Etats-Unis ainsi que l'Inde ou Israël qui eux ne l'ont pas signé, sont considérés comme de « bons proliférants ».
Par ailleurs le Traité d'interdiction complète des essais (TCE) signé en 1995 n'est toujours pas ratifié par le Congrès, ce qui illustre bien la volonté de ne s'interdire aucune possibilité de mise au point de nouvelles armes et de se réserver la possibilité d'essais réels alors que les Etats-Unis disposent largement des moyens de simulation.

Les autres accords internationaux visant à interdire les armes de destruction de masse (Convention d'interdiction des armes biologiques de 1972 et Conventions sur les armes chimiques de 1993) trouvent également une application aléatoire,

Washington y introduisant des dispositions nouvelles qui en réduisent considérablement la portée[14].

Enfin, il faut noter que dans le domaine des armes conventionnelles, le bilan n'est pas moins alarmant. Les Etats-Unis, comme la Chine, ont notamment refusé de ratifier la Convention d'Ottawa de 1997 sur les mines antipersonnel dans le but de protéger leurs forces stationnées sur la ligne démilitarisée entre les deux Corées et de préserver l'exportation des mines mixtes (antichar et antipersonnel).

2) Extraterritorialité des lois

L'usage du principe d'extraterritorialité des lois

Les Etats-Unis qui adoptaient une vision dualiste du droit international en le plaçant hiérarchiquement en dessous de la Constitution américaine ont progressivement entendu

---

[14] Concernant la Convention sur les armes biologiques, le 25 juillet 2000, le Secrétaire d'Etat à la lutte contre la prolifération a rejeté les propositions de la Conférence quinquennale de révision, au motif qu'elles allaient *« à l'encontre des intérêts commerciaux et de sécurité américains, notamment en ce qui concerne leur programme de défense contre les armes biologiques, sans pour autant garantir le ralentissement de la prolifération des armes biologiques »*.
La convention sur les armes chimiques de 1993 a été ratifiée en catastrophe en 1997 par le Congrès qui y ajouta trois dispositions : d'une part le président des Etats-Unis pourrait s'opposer à toute inspection pouvant constituer un danger pour la sécurité nationale, d'autre part les échantillons collectés sur le sol américain ne pourraient quitter le territoire national, et enfin, le champ des sites industriels déclarés à l'Organisation pour l'interdiction des armes chimiques (OIAC) chargée de la vérification devait être réduit.

transférer dans l'ordre international des mesures qu'ils adoptaient en droit interne.

Selon Serge Sur « le droit international est une projection de leur droit interne. Les Etats-Unis considèrent qu'il y a un ensemble juridique homogène et que le droit américain comporte une branche externe qui détermine les relations internationales »[15]. Ils s'estiment donc fondés à exporter l'application de leurs lois internes au-delà des frontières américaines.

Des lois internes imposées dans l'ordre international

Ainsi les lois Helms-Burton du 12 mars 1996 et Amato-Kennedy du 6 août 1996[16] interdisant le commerce avec Cuba, la Libye et l'Iran sous peine de sanctions, s'appliquent à toutes les sociétés.

L'American Service-Member's Protection Act adopté par le Congrès le 24 juillet 2002 et promulgué le 2 août 2002 autorise quant à lui, le Président des Etats-Unis à utiliser « tous les moyens nécessaires et appropriés pour parvenir à la libération de tout membre des forces armées américaines qui serait détenu ou emprisonné par, pour le compte de, ou sur demande de la Cour pénale Internationale ».[17]

---

[15] SUR (Serge), « Peut-on parler d'une hégémonie américaine ? », *Travaux et recherches de l'IFRI, Observation et théorie des relations internationales II*, Paris, IFRI, 2001, pp 99-100

[16] Les textes de ces lois sont traduits respectivement dans *Documents d'actualité internationale*, n° 16 du 15.08.1996, pp. 674 et s, et n°19 du 01.10.1996, pp.778 et s.

[17] H.R 4775, amendment to H.R.1646, as reported offered by Mr. Delay of Texas, Subtitle II, "American Service-Member's Protection Act", Sec. 2008

En outre, depuis le 11 septembre, les Etats-Unis ont adopté un ensemble de mesures liberticides, notamment relatives à la sûreté aérienne, mesures qu'ils ont imposé aux compagnies aériennes européennes, alors même qu'elles étaient en contradiction avec la législation européenne en vigueur (mesures imposant le transfert des données personnelles des passagers ou imposant l'introduction d'éléments biométriques dans les passeports et les visas…)

En sus, le droit interne qui régit les relations internationales américaines constitue de plus en plus souvent une négation des principes fondamentaux du droit international. Les Etats-Unis ont progressivement imposé une pratique coutumière, interprétant à leur guise les dispositions de la Charte des Nations Unies.

Les deux guerres du Golfe ont ainsi été l'occasion pour l'armée américaine d'utiliser des armes interdites (uranium appauvri, bombes à fragmentation…), témoignant une nouvelle fois de l'inégalité des Etats devant la loi internationale, déjà amorcée avec le traité discriminatoire de non-prolifération des armes nucléaires.

Ce mépris américain pour le droit international et le nombre croissant de traités qui n'ont pas été ratifiés ou qui ont été dénoncés par les gouvernements américains, s'explique en partie par la logique impérialiste américaine.

B. Les vues impérialistes des Etats-Unis

Le concept classique d'empire s'entend d'un « système politique doté d'un centre fort et institutionnalisé prétendant par ce biais, à la mobilisation des ressources et des énergies en faveur non pas seulement de la protection d'une culture au sens stricte du terme mais de la promotion d'un projet de nature universaliste » selon Duverger[18]. Cette définition s'applique exactement au projet des Etats-Unis d'universaliser leur culture, comme l'a déclaré le président Bush dans sa présentation de la Nouvelle stratégie de sécurité américaine[19].

1) Le projet impérialiste de remodelage du monde

La Rome du XXIe siècle

Certains, comme l'historien américain Arthur Schlesinger ou Charles William Maynes[20], avaient émis l'hypothèse que les Etats-Unis, dotés de capacités impériales, ne basculeraient pas dans l'impérialisme, aucune nation n'étant en mesure « d'assumer le rôle d'arbitre ou de gendarme mondial et de relever, seule, les défis globaux,

---

[18] DUVERGER Maurice, sous la dir., *Le concept d'empire*, centre d'analyse comparative des systèmes politiques, Paris, PUF, 1980
[19] Op. cit. p.7
[20] SCHLESINGER (Arthur Jr.), « Unilateralism in historic perspective » et MAYNES (Charles William), « Two blasts against unilateralism », *Understanding Unilateralism in US Foreign Policy*, RIIA, Londres, pp 18/28 et 30/48, cités dans Golub Philip S., « Les dynamiques du désordre mondial. Tentation impériale », *Le Monde diplomatique*, octobre 2002, p. 8/9

environnementaux, démographiques et politiques du XXIe siècle ». Mais comme l'écrivit Montesquieu, « tout homme qui a du pouvoir est porté à en abuser »[21] et le système mondial que les Etats-Unis tentent d'imposer s'est rapidement apparenté à un système impérial au sens classique du terme à l'image de l'Empire romain.

Au faîte de sa puissance, Rome classait les peuples en plusieurs catégories[22] : les peuples amis (amici populi romane), les peuples alliés (socii populi romane) et peuples vaincus (detitii). Cela n'est pas sans rappeler la classification des Etats adoptée par Washington, à noter toutefois que Rome n'avait pas catégorisé les peuples ennemis. En effet, les seuls ennemis de la Pax Romana étaient les barbares, à l'image aujourd'hui des terroristes pour Washington. Néanmoins dans la classification américaine, « l'axe du mal » est composé d'Etats accusés de soutenir ou d'être en relation avec les terroristes.

Si tout empire entend ses relations avec d'autres Etats en termes de droit, il n'y a cependant aucune place pour la coexistence entre ces Etats qui soit fondée sur le principe d'égalité souveraine tel qu'il existe en DIP. En effet, droit international et logique impériale sont incompatibles.

---

[21] MONTESQUIEU, *L'esprit des lois*, 1758
[22] LAGHMANI (Slim), « Du droit international au droit impérial ? Réflexions sur la guerre contre l'Irak », *Actualité et droit international*, avril 2003

Dès la fin de la Seconde Guerre mondiale les Etats-Unis ont poursuivis une politique impériale[23]. Selon Noam Chomsky, « une puissance hégémonique ne peut pas se contenter de proclamer sa politique officielle, elle doit l'imposer comme la nouvelle norme des relations internationales »[24]. Ainsi, dans la nouvelle doctrine américaine, la cible doit répondre à plusieurs critères : elle doit être « sans défense, assez importante pour justifier qu'on se soucie d'elle et apparaître non seulement comme une 'menace vitale', mais aussi comme 'le mal absolu' ».

C'est ainsi que l'administration Bush, à la recherche d'une sécurité qu'elle espère obtenir par la force plutôt que par la coopération et qu'elle entend assurer par la guerre en soumettant les peuples indociles et en renversant les 'Etats voyous', agit seule ou avec des coalitions de circonstance de façon unilatérale et en fonction d'intérêts nationaux.

Le projet de Grand Moyen Orient

Ce plan de réformes aux contours flous que George Bush appelle « la stratégie américaine de liberté au Proche Orient » et qui apparaît comme la concrétisation de la politique de remodelage de la région voulue depuis

---

[23] Ils ont notamment eu recours à la force armée plusieurs fois depuis 1945/1946 : contre la Corée, le Guatemala, Cuba, l'Indonésie, le Zaïre, le Vietnam, le Laos, le Cambodge, la Libye, l'Irak, le Soudan, l'Afghanistan, la Yougoslavie...
[24] CHOMSKY (Noam), « Sans le droit et par la force- Le meilleur des mondes selon Washington », *Le Monde diplomatique*, août 2003, p. 8/9

longtemps par Washington, entend s'appliquer de manière ambitieuse du Maroc à l'Afghanistan.

Outre les réticences quant au contenu et à la méthode préconisée pour le mettre en oeuvre, c'est justement la zone géographique que le projet de « Grand Moyen Orient » entend recouvrir, qui laisse perplexe. En effet, quel critère a permis de délimiter cette zone du Maghreb à l'Afghanistan, sinon celui de l'Islam ? Cette constatation laisse craindre une approche américaine de bloc à bloc, c'est à dire occident contre monde musulman, stigmatisant ainsi l'islam comme étant incompatible avec la modernité, ce qu'il conviendrait d'éviter avant d'envisager une quelconque implication dans la région.

Ainsi, alors que les dirigeants américains se défendent de vouloir accroître leurs intérêts ou de vouloir imposer un modèle « clé en main » dans cette région du monde, les oppositions et les critiques se multiplient.

Ce projet incarne pour la première fois la prise de conscience par l'administration Bush qu'il faut s'attaquer au sous-développement, à la pauvreté et aux retards économiques pour espérer extirper les racines du terrorisme et de l'instabilité politique. La reconnaissance de ces nouveaux enjeux par les Etats-Unis est un point positif. Mais il est à craindre que derrière des idéaux, ne se cache un objectif moins noble, axé fondamentalement sur l'aspect sécuritaire, visant à militariser la région.

Avec pour objectif de combler les 3 déficits mis en lumière par les rapports des Nations Unies de 2002 et 2003 sur le

développement des pays arabes[25] à savoir : la liberté, la connaissance et l'émancipation des femmes, ce plan met en œuvre des mesures économiques, politiques et sécuritaires pour promouvoir la stabilité, la prospérité et la démocratisation de cette région, avec l'aide de la communauté internationale.
Ce projet monopolise aujourd'hui les débats et nombreux sont ceux au sein de la communauté internationale qui refusent d'y voir autre chose qu'une nouvelle tentative américaine de se désengager du « bourbier irakien ».

La majorité des Etats arabes dénoncent les ambitions néo-coloniales des Etats-Unis et il faut dire que de nombreux facteurs attisent les oppositions des capitales arabes. En premier lieu elles n'ont pas été formellement informées par les Américains, contrairement aux chancelleries européennes et d'autre part, elles refusent que des réformes soient imposées de l'extérieur aux pays arabes et musulmans. Les pays arabes refusent d'être les « pantins » d'un plan de réformes reposant plus sur les besoins naissants des superpuissances que sur les intérêts des peuples du Moyen-Orient.
Au niveau européen, certains se sont fait l'écho des positions des chefs de gouvernements arabes. Les craintes portent essentiellement sur le fait que la seule innovation tient aux aspects sécuritaires du projet.

---

[25] PNUD, Fonds Arabe de Développement Economique et Social, *Rapport arabe sur le développement humain 2002 - Créer des opportunités pour les générations futures.*
www.undp.org/rbas/ahdr/ahdr1/french/Cover_Frensh.pdf

2) Une irréversible domination ?

La domination américaine et les visées impérialistes sont elles irréversibles ? Le dénouement de la lutte contre le terrorisme et des ambitions américaines sera-t-il la mort du droit international pour laisser place à un système mondial calqué sur le modèle interne américain ? Rien ne permet aujourd'hui de répondre de façon catégorique à ces questions. Mais existe-t-il des moyens pour freiner ces ambitions impériales ?

L'enjeu des élections présidentielles américaines de 2004

On aurait pu espérer une réaction de l'opinion publique et de l'électorat américain à l'occasion des élections américaines de novembre 2004.
Mais la politique de primauté des intérêts américains n'est pas née avec la première administration Bush et l'on aurait tord de trop personnaliser la politique étrangère américaine. En effet, les prétentions américaines semblent être ancrées dans la structure même de l'Etat américain qui a les moyens militaires et technologiques d'imposer et de défendre partout dans le monde et contre tous, des intérêts qu'il estime menacés. Ainsi, même si le candidat démocrate John F. Kerry envisageait une politique plus conciliante, voire un retour au multilatéralisme et une ratification des grands traités internationaux tels le Protocole de Kyoto ou la Cour Pénale Internationale, son élection n'aurait probablement que peu impacté la politique étrangère américaine.
D'une part car le président n'a pas toujours la possibilité d'imposer ses vues, notamment au Sénat ou il doit obtenir

une majorité des deux tiers et d'autre part car John F. Kerry, s'il paraît plus modéré, ne se démarque pas de George Bush concernant les grands dossiers tels que le conflit Israélo-palestinien ou l'intervention d'une force multinationale en Irak.

En outre, la population américaine, largement traumatisée par les évènements du 11 septembre, ne semble pas disposée à se mobiliser comme elle l'avait fait lors de la guerre du Vietnam. Si certains ont suivi les mouvements mondiaux de manifestation contre la guerre en Irak, la population américaine reste largement influencée par l'administration et par les médias et nombreux sont ceux qui soutiennent toujours les gouvernants face à l'ennemi du moment. La réélection de George W. Bush pour un second mandat le 20 novembre 2004, témoigne de cet état de fait.

L'anticipation des régimes du monde arabe

La démocratisation des régimes politiques du monde arabe et musulman avant que Washington n'intervienne dans la zone du Grand Moyen Orient pourrait également constituer un obstacle aux ambitions américaines. Ces démocraties pourraient alors être une arme de résistance contre les Etats-Unis dont l'ambition, au moins officielle, est précisément d'instaurer dans ces pays des régimes démocratiques. Dès lors une telle croisade n'aurait plus de légitimité.

L'initiative américaine aura au moins permis l'émergence du côté des Etats directement concernés, de contre-projets présentés au Sommet de la Ligue Arabe, en vue de dégager

des positions communes entre ses membres. En effet, conscients des réformes qui s'imposent dans la région, mais également conscient que la démocratie ne saurait être imposée, les Etats arabes estiment être les seuls à pouvoir satisfaire les besoins des populations. Ces projets mettent l'accent sur l'importance que les réformes dans la région soient menées par les pays arabes eux-mêmes et que les changements ne soient pas imposés de l'extérieur. Par ailleurs, ils mettent en lumière la nécessité de répandre les libertés publiques, particulièrement les libertés de la presse et d'expression, et de moderniser l'économie.
Enfin, ils insistent sur la nécessité de résoudre le conflit Israélo-palestinien car il est nécessaire d'instaurer la justice et de mettre fin aux sentiments de frustration et de désespoir pour assurer le succès des programmes de réforme et de changement.
Ainsi, à l'occasion du Sommet de Tunis fin mai 2004, les 22 membres de la Ligue Arabe ont adopté un document de cadrage sur les réformes politiques, baptisé « Processus de développement et de modernisation ». Les Etats arabes se sont félicités de ce document qu'ils qualifient « d'étape positive » visant à promouvoir eux-mêmes la démocratie, le respect des droits de l'homme, la liberté d'expression, l'indépendance de la justice ou encore à promouvoir le rôle des femmes dans la vie publique.

Il reste désormais à espérer que de telles initiatives permettront à Washington de mesurer la diversité des enjeux internationaux et la nécessité de tenir compte des particularités de la communauté internationale. Les plus optimistes attendent un retour au multilatéralisme et certains parlent même d'un déclin de la puissance américaine[26]. Quoi qu'il en soit, au regard des récents évènements, l'unilatéralisme américain s'est accru parallèlement au mépris croissant pour les lois internationales. Les attentats du 11 septembre 2001 semblent avoir servi de prétexte pour lancer une offensive déjà amorcée dans les années 1990 en la légitimant par une interprétation extensive et une instrumentalisation des règles de droit international, notamment celles relatives à la légitime défense.

---

[26] Cf. en ce sens TODD (Emmanuel), *Après l'empire. Essai sur la décomposition du système américain*, Paris, Gallimard, 2002

CHAPITRE II

Le dévoiement du concept de légitime défense dans la guerre contre le terrorisme

Suite à l'horreur des attentats du 11 septembre 2001, le droit international est apparu, aux yeux de l'administration Bush, comme dépourvu de réelle pertinence et incapable de jouer un rôle significatif dans le choix des actions à entreprendre pour combattre le terrorisme. Face à cette lacune, l'administration Bush s'est investie d'une mission salvatrice.
La tâche ainsi définie par le président américain se révélait des plus ardues, surtout si l'on considère que l'ennemi est en réalité un « réseau tentaculaire jouissant de puissants soutiens et complicités auprès de divers milieux et pays, une véritable nébuleuse de la terreur »[27].

I. De l'intervention en Afghanistan...

Les attentats de New York ont présenté un contexte propice pour le déclenchement d'une action de police internationale fondée sur le Chapitre VII de la Charte des Nations Unies (ci-après la Charte), qui légitime une riposte coercitive en cas de menace pour la paix, de rupture de la paix et d'acte d'agression. Cependant, les Etats-Unis ont préféré opter pour la voie de la réaction unilatérale avec emploi de la force au

---

[27] CONDERELLI (Luigi), « Les attentats du 11 septembre et leurs suites : où va le droit international ? », *RGDIP*, 2001-4

nom de la légitime défense. Ils ont donc procédé à une interprétation extensive du principe de légitime défense, pourtant soumis à condition, dans le but de légitimer leur action unilatérale.

Certes, l'éviction du régime de terreur instauré par les Talibans était plus qu'une nécessité, de même que la lutte contre le terrorisme international, mais cette lutte doit se faire dans le respect de l'esprit de la Charte. Celle-ci a instauré un système de sécurité collective afin d'éviter les justices privées dont la légitime défense est une manifestation.

A. Le statut d'exception de la légitime défense

La Charte des Nations Unies a réaffirmé l'illégalité de la guerre en interdisant le recours à la force armée entre Etats. Il existe néanmoins une limite à ce principe : la légitime défense. Toutefois celle-ci reste l'exception à la règle et demeure soumise à conditions.

1) Le principe de l'interdiction du recours à la force

L'article 2 paragraphe 4 de la Charte des Nations Unies

L'article 2 paragraphe 4 de la Charte dispose : *« Les Membres de l'Organisation s'abstiennent, dans leurs relations internationales, de recourir à la menace ou à l'emploi de la force, soit contre l'intégrité territoriale ou l'indépendance politique de tout Etat, soit de toute autre manière incompatible avec les buts des Nations Unies ».*
Ce principe de prohibition du recours unilatéral à la force armée est un des principes fondamentaux du droit

international public et il est nécessaire de cantonner la légitime défense dans son statut d'exception. Par ailleurs ce principe doit être distingué de celui de non ingérence dans les affaires intérieures d'un Etat posé à l'article 2 paragraphe 7 de la Charte. Si tous deux sont fondés sur le principe d'égalité souveraine des Etats, la distinction tient notamment au fait que les voies de l'ingérence dans les affaires intérieures d'un autre Etat peuvent emprunter d'autres modalités que celles du recours à la force armée. Cette interdiction couvre donc tant les actions impliquant l'emploi du recours à la force que les actes de terrorisme ou encore les actions visant à déstabiliser le gouvernement légal d'un autre Etat.

S'appuyant sur diverses résolutions solennelles de l'Assemblée Générale des Nations Unies, la Cour Internationale de Justice (CIJ) a rappelé dans un arrêt de 1986 (Nicaragua vs Etats-Unis)[28], la position qu'elle avait déjà adopté en 1949 dans l'affaire du Détroit de Corfou[29] : la validité du principe de non-intervention affirmé comme un principe coutumier, indépendamment de toute invocation directe de la Charte.
Etant donné le caractère fondamental de cette règle, beaucoup s'accordent à y voir une norme impérative du droit international public (jus cogens).

---

[28] Activités militaires et paramilitaires au Nicaragua et contre celui-ci (Nicaragua c. Etats-Unis d'Amérique), fond, arrêt du 27 juin 1986, *CIJ Recueil 1986*, p. 104
[29] Détroit de Corfou (fond), arrêt du 9 avril 1949, *CIJ Recueil 1949*, p.22

L'exception de l'article 51

« *Aucune disposition de la présente Charte ne porte atteinte au droit naturel de légitime défense, individuelle ou collective, dans le cas où un membre des Nations Unies est l'objet d'une agression armée, jusqu'à ce que le Conseil de sécurité ait pris les mesures nécessaires pour maintenir la paix et la sécurité internationales. Les mesures prises par des membres dans l'exercice de ce droit de légitime défense sont immédiatement portées à la connaissance du Conseil de sécurité et n'affectent en rien le pouvoir et le devoir qu'a le Conseil, en vertu de la présente Charte, d'agir à tout moment de la manière qu'il juge nécessaire pour maintenir ou rétablir la paix et la sécurité internationales* ».

L'usage de la légitime défense est donc autorisé en cas de carence du Conseil de sécurité et jusqu'à ce qu'il prenne en charge le problème. Le 28 septembre 2001, le Conseil de sécurité adopte la Résolution 1373, qui impose aux Etats un ensemble d'obligations, les engageants à collaborer entre eux afin de lutter efficacement contre le terrorisme international.
Par ce biais, le Conseil a pris des mesures significatives afin de faire face à ce qu'il qualifiait de « menace contre la paix ». Dès lors, il en résulte simultanément une prise de mesures par le Conseil et la reconnaissance du droit de légitime défense, alors qu'en vertu de l'article 51, celle-ci n'est possible que « …jusqu'à ce que le Conseil de sécurité ait pris les mesures nécessaires… ».
En définitive, les Etats membres doivent s'abstenir de recourir à l'emploi ou à la menace de la force contre l'intégrité territoriale ou l'indépendance politique d'un Etat.

Il ne peut y avoir recours à la force armée que si le Conseil de sécurité l'autorise expressément.

2) Le concept de légitime défense soumis à conditions

Une agression armée imputée à un Etat

La légitime défense, qu'elle soit individuelle ou collective doit-elle toujours être conçue comme la riposte à une agression armée selon la lettre de l'article 51, ou peut-elle viser également la neutralisation des structures et des moyens qui ont permis de réaliser une attaque déjà achevée et donc être utilisée à des fins préventives, comme le soutiennent les Etats-Unis ?

La première condition nécessaire pour fonder l'opération « Liberté immuable » du 6 octobre 2001 sur la légitime défense est l'existence d'un acte d'agression armée de la part de l'Etat Afghan.
L'agression a été définie par la Résolution 3314 de l'Assemblée Générale des Nations Unies du 14 décembre 1974 dans son article 3 g), palliant ainsi au silence de la Charte et des textes internationaux. Ainsi il s'agit de « L'envoi par un Etat ou en son nom de bandes ou de groupes armés, de forces irrégulières ou de mercenaires qui se livrent à des actes de force armée contre un autre Etat d'une gravité telle qu'ils équivalent aux actes énumérés ci-dessus, ou le fait de s'engager de manière substantielle dans une telle action ».
Au regard de la gravité et de l'ampleur des attentats du 11 septembre 2001, il est difficilement contestable que la

destruction des Twin Towers et d'une partie du bâtiment du Pentagone constitue une agression.

La question est cependant de savoir s'il s'agit d'une agression armée. Selon la définition juridique classique, une arme est « un engin ou objet destiné à l'attaque ou à la défense, soit par nature (ex. poignard, révolver), soit par l'usage qui en est fait (ex. couteau, canne, ciseaux) »[30]. Dès lors, les avions de ligne utilisés dans le but de détruire, peuvent être en l'espèce considérés comme des armes par destination, au même titre que les cutters utilisés par les terroristes à bord des aéronefs.
Reste enfin la question de l'imputabilité des actes. Selon l'esprit et la logique interétatique de la Charte, l'interdiction de recourir à la force, et son exception s'applique aux rapports internationaux, c'est-à-dire aux relations d'Etat à Etat. Dès lors, l'agression peut-elle être le fait d'individus n'agissant pas pour le compte de l'Etat ?
La Cour Internationale de Justice a eu l'occasion de se saisir de cette question dans l'affaire des activités militaires et paramilitaires au Nicaragua et contre celui-ci en 1986 et, si elle précise que l'agression armée peut comprendre « l'action de bandes armées dans le cas où cette action revêt une importance particulière »[31], elle exige néanmoins un lien avec l'Etat. En effet, selon la cour : « [...] on peut considérer comme admis que, par agression armée, il faut entendre non seulement l'action des forces armées régulières à travers une frontière internationale mais encore l'envoi par un Etat ou en

---

[30] CORNU (G), *Vocabulaire juridique*, Paris, PUF, 1987, p.63
[31] Activités militaires et paramilitaires au Nicaragua et contre celui-ci (Nicaragua c. Etats-Unis d'Amérique), fond, arrêt du 27 juin 1986, *CIJ Recueil 1986*, P. 104, par.195

son nom de bandes ou de groupes armés, de forces irrégulières ou de mercenaires qui se livrent à des actes de force armée contre un autre Etat d'une gravité telle qu'ils équivalent à une véritable agression armée accomplie par des forces régulières.» [32]. Elle reprend ainsi la définition de la Résolution 3314 qu'elle qualifie « d'expression du droit international coutumier » et indique que « si la notion d'agression armée englobe l'envoi de bandes armées par un Etat sur le territoire d'un autre Etat, la fourniture d'armes et le soutien apporté à ces bandes ne sauraient être assimilés à l'agression armée. »[33].

Cette question, d'une importance majeure pour déterminer la légalité de l'intervention américaine, a été contournée par les Etats-Unis qui, opérant une identification entre le régime taliban, au pouvoir en Afghanistan lors de l'intervention américaine du 6 octobre 2001, et le réseau Al Qaida, ont imputé à l'Etat Afghan la responsabilité des actions commises par le réseau. Le régime Taliban aurait toléré, abrité voire aidé l'organisation Al Qaida qui aurait pu s'implanter en Afghanistan et y exercer ses activités criminelles. Or rien n'indique que cette collaboration se serait concrétisée par l'organisation commune ou concertée des attentats du 11 septembre et au regard de la Résolution 3314 et de la jurisprudence de la CIJ, le simple soutien ou la tolérance que son territoire soit utilisé en vue de commettre des actions armées, même s'il constitue indéniablement un acte illicite engageant la responsabilité de l'Etat, ne suffit pas

---

[32] *Ibid.*, p.103, par.195
[33] *Ibid.*, p. 127, par.247

à lui imputer un acte d'agression, qui seul, justifie l'usage de la légitime défense.

Une riposte proportionnée et nécessaire

Le droit international par ailleurs, limite l'hypothèse du droit inhérent à la légitime défense individuelle ou collective, à la riposte nécessaire et proportionnée par un Etat à une agression armée perpétrée par un autre Etat. Toutefois, l'article 51 ne définissant pas la légitime défense, il faut faire référence au droit commun, qui subordonne la légitime défense à la riposte immédiate à l'agression en train de se commettre.
Dans un premier temps, la légitime défense suppose une situation d'extrême urgence qui ne laisse à l'Etat attaqué ni le temps ni les moyens de s'adresser à d'autres instances et particulièrement au Conseil de sécurité. Par ailleurs, elle est conçue comme la riposte à une agression armée, il doit donc s'agir d'une défense et non d'une opération à vocation offensive. Dès lors, il semble logique de considérer que la riposte ne peut viser qu'une agression qui a déjà eu lieu, et non prévenir des agressions futures qui, par essence sont éventuelles et donc incertaines.
Or la logique de guerre américaine ne semble pas tenir compte de telles considérations et répond à certains buts. D'une part renverser le régime Taliban pour libérer l'Afghanistan de leur joug et établir un nouveau régime, détruire les infrastructures du régime taliban et les camps des groupes terroristes en Afghanistan, mais aussi ailleurs, ce qui déjà était susceptible d'impliquer selon Washington une soixantaine de pays, obliger le régime Taliban à livrer

Oussama Ben Laden ou à le capturer, empêcher que de nouveaux actes terroristes ne soient commis...
De tels objectifs, si louables soient-ils, n'ont de « riposte » que le nom. A l'évidence, cette intervention est davantage conçue comme une opération de représailles des crimes perpétrés, et de prévention du risque que de nouveaux crimes se produisent. Par ailleurs, ni les cibles, ni la durée, ni les modalités de cette « légitime défense » ne sont précisées, laissant ainsi la porte ouverte à de nouveaux élargissements.

Pour que la défense soit légitime, elle doit être nécessaire, c'est-à-dire que l'Etat concerné doit avoir épuisé tous les autres moyens avant d'user de la légitime défense.
En l'espèce et au regard des liens qui ont pu exister entre les Etats-Unis et le régime Taliban, une intervention armée contre ce dernier peut sembler malvenue. En effet, les Etats-Unis eux-mêmes ont un temps soutenu ce régime, au nom de considérations de realpolitik.
C'est à la fin de 1994 - après le retrait soviétique en 1989, puis du régime de Kaboul en 1992 - que les talibans, pour la plupart d'origine pachtoune, sont apparus sur la scène afghane. Mouvement ultra-fondamentaliste, sunnite, composé " d'étudiants " des écoles islamiques établies dans les camps de réfugiés au Pakistan, les talibans prétendaient rétablir la loi et l'ordre, désarmer la population et imposer la charia, une interprétation restrictive de la loi islamique. Dès octobre 1994, après la prise de Kandahar, les États-Unis choisissent leur camp : le Département d'État américain qualifie la prise de Kandahar « d'élément positif susceptible de ramener la stabilité dans la région », torpillant ainsi les efforts déployés par les Nations unies pour obtenir un cessez-le-feu.

En outre, d'autres mesures auraient pu être prises par les Etats-Unis, à commencer par l'arrêt de l'aide au Pakistan ou à l'Arabie Saoudite qui soutenaient tous deux le régime Taliban.

B. Extension du concept aux fins de légitimation de l'intervention américaine

Le concept de légitime défense, initialement étendu par les Etats-Unis pour légitimer une intervention en Afghanistan fera finalement l'objet d'un consensus de la communauté internationale. Pourtant rien ne légitime juridiquement une telle extension.

1) Le consensus de la Communauté internationale

Autorisation implicite des Nations Unies

Alors qu'à plusieurs reprises le Conseil de sécurité avait dénoncé la pratique des Etats face à des situations où était invoquée la légitime défense pour justifier l'attaque d'un Etat qui aurait donné refuge à des « groupes terroristes », après le 11 septembre, le Conseil ne condamne pas explicitement l'ambition unilatérale des Etats-Unis d'intervenir en Afghanistan au nom de la légitime défense.
Ainsi, par exemple le Conseil a fustigé ce type d'action lorsque l'Etat d'Israël prétendait justifier par la légitime défense des attaques contre le Liban[34] ou la Tunisie[35],

---

[34] cf. Résolutions 508 et 509 de 1982 condamnant l'opération « paix en Galilée »

accusés d'héberger des groupes terroristes palestiniens ou encore quand l'Afrique du Sud et la Rhodésie du Sud ont mené dans les années 1970/1980 des opérations armées dans plusieurs Etats (Botswana, Zambie, Zimbabwe, Angola), pour frapper les bases terroristes notamment de l'ANC ou de la SWAPO. L'Assemblée générale, elle, a condamné le bombardement de la Libye par les Etats-Unis en réponse à un attentat commis à Berlin contre des intérêts américains[36].

Au-delà donc de la diversité des situations de fait qui caractérisent ces précédents, une conclusion juridique s'impose : jamais une instance de l'ONU n'a retenu l'argument de la légitime défense lorsqu'il était utilisé pour justifier une riposte à une prétendue agression armée indirecte constituée par un simple soutien à des forces irrégulières. La pratique est donc loin de remettre en cause le texte et la définition de l'agression élaborée au sein de l'Assemblée générale des Nations Unies.

Néanmoins, si les Nations Unies n'ont pas expressément cautionné l'argumentation américaine et l'intervention unilatérale en Afghanistan au nom de la légitime défense, en tous cas elles ne l'ont pas condamnée, permettant ainsi aux Etats-Unis d'agir avec leur consentement implicite.

En effet, en écho à la position des Etats-Unis, le Conseil de sécurité, dans les résolutions 1368 et 1373, respectivement du 12 et 28 septembre, déclarait que les attentats du 11 septembre représentaient une grave « menace à la paix et à la sécurité internationales », et reconnaissait « le droit inhérent à la légitime défense individuelle ou collective conformément à

---

[35] cf. Résolution 573 de 1985 qui qualifie le raid israélien sur le QG de l'OLP à Tunis, « d'acte d'agression ».
[36] cf. Résolution 38/41 de l'AG des Nations Unies du 20 novembre 1986

la Charte ». De ce fait, il se déclarait habilité à agir en vertu de l'ensemble des pouvoirs qui lui sont conférés par le Chapitre VII de la Charte. Ces résolutions ne qualifient cependant pas expressément les attentats d'attaque armée ou d'acte d'agression, ce qui fait apparaître une véritable contradiction juridique.

L'OTAN écartée et le soutien de la Communauté internationale

Par la Déclaration du Conseil de l'Atlantique Nord du 12 septembre 2001[37], les 19 membres de l'OTAN proposent aux Etats-Unis la mise en œuvre pour la première fois de l'article 5 du Traité de Washington qui stipule qu'une attaque armée contre l'un ou plusieurs des pays alliés sera considérée comme une attaque dirigée contre tous, et ce au nom du principe de légitime défense collective. Ainsi donc les membres de l'OTAN considèrent que le droit international permet d'user de la légitime défense non seulement pour riposter à une attaque en cours, mais aussi pour punir les auteurs d'attaques passées et pour prévenir des attaques futures.

Toutefois, les Etats-Unis refuseront cette proposition, préférant agir seuls, ce qui mettra déjà en lumière le risque d'un découplage entre Européens et Américains dès lors que les premiers se contenteraient d'investir dans la stabilité de leur voisinage immédiat, tandis que les seconds, seuls à pouvoir agir de manière globale, privilégieraient une approche unilatérale.

---

[37] Statement by the North Atlantic Council, September 12, 2001. Press release (2001) 124, *International Legal Materials*, vol XL, 2001, P. 1267

L'Union Européenne quant à elle, lors du Conseil européen extraordinaire du 21 septembre 2001, adhère à la thèse américaine dont elle trouve l'intervention légitime.[38] En somme, la communauté internationale dans son ensemble semble partager la conception américaine, selon laquelle la campagne militaire lancée en Afghanistan par les Etats-Unis avec le soutien voire la participation de certains Etats, relèverait justement de la légitime défense et serait donc conforme à l'article 51 de la Charte, lequel reçoit ainsi une interprétation largement extensive.

L'ONU et les organismes de coopération multilatérale sont reconnus, mais il y a une acceptation quasi- unanime de ce que les Etats conservent un espace d'action unilatérale, si besoin au moyen de l'emploi de la force.

2) Une extension infondée juridiquement

L'interprétation abusive du droit de la responsabilité internationale

Si l'argumentation pour justifier la guerre contre l'Afghanistan ne peut se fonder sur les règles spécifiques définissant l'agression, elle ne peut pas non plus s'appuyer sur les règles plus générales relatives à la responsabilité de l'Etat.

---

[38] Ainsi le document « Conclusion et plan d'action » stipule : « Sur la base de la Résolution 1368 du Conseil de sécurité, une riposte américaine est légitime. […] Chacun selon ses moyens, les pays membres de l'Union sont prêts à s'engager dans de telles actions. Les actions doivent être ciblées. Ces actions peuvent également être dirigées contre les Etats qui aideraient, soutiendraient ou hébergeraient des terroristes ». L'adhésion à la thèse américaine est donc incontestable.

L'article 8 du projet adopté en août 2001 par la Commission du droit international vise justement l'hypothèse de l'attribution à un Etat d'actes de personnes privées et prévoit que « le comportement d'une personne ou d'un groupe de personnes est considéré comme un fait de l'Etat d'après le droit international si cette personne ou ce groupe de personnes, en adoptant ce comportement, agit en fait sur les instructions ou les directives ou sous le contrôle de cet Etat ».[39] Il ne suffit donc pas d'un contrôle général et diffus sur ce groupe pour attribuer à l'Etat chacun des comportements de ce dernier. Et la Commission d'ajouter : « ce comportement ne peut être attribué à l'Etat que si ce dernier a dirigé ou contrôlé l'opération elle-même et que le comportement objet de la plainte faisait partie intégrante de cette opération ». Or, nonobstant toutes les exactions commises par les Talibans, rien ne démontre formellement qu'ils aient dirigé ou contrôlé les opérations du 11 septembre.

Notons que le Tribunal Pénal International pour l'ex-Yougoslavie (TPIY) a énoncé une jurisprudence différente dans l'arrêt Tadic du 15 juillet 1999[40]. Le Tribunal estime dans cet arrêt que le contrôle général opéré par les autorités de la République Fédérale de Yougoslavie sur les forces Serbes en Bosnie Herzégovine suffit à internationaliser le conflit, sans qu'il soit nécessaire de démontrer l'imputation de comportements particuliers et affirme que le critère

---

[39] Rapport de la CDI, projet d'article sur la responsabilité des Etats, aout 2001, AG, Doc. Off., 53ᵉ sess.
[40] TPIY, CA, Aff. IT-94-1-A, 15.07.1999

énoncé par la CIJ « ne semble pas convaincant »[41]. Néanmoins, la jurisprudence du TPIY qui se réfère aux principes généraux de la responsabilité internationale sans chercher à imputer un acte illicite à un Etat - ce que son statut lui interdirait de faire - qui ne se prononce en rien sur la notion d'agression, ne saurait prévaloir sur celle de la CIJ, d'autant qu'elle n'a pas convaincu la Commission du droit international. En effet cette dernière a clairement réaffirmé la pertinence de la jurisprudence de la CIJ en renvoyant la nécessité de démontrer un contrôle au cas par cas pour déterminer si « tel ou tel comportement précis » est imputable à un Etat[42].

Par ailleurs, la Cour a précisé que l'approbation postérieure par les autorités officielles d'actes commis par des personnes privées n'agissant pas pour le compte de l'Etat au moment des faits n'était pas suffisante pour imputer ces actes à l'Etat. Le régime Taliban, compte tenu de ses liens avec le réseau Al Qaida, ne pouvait endosser la responsabilité des actes du 11 septembre, dès lors qu'aucune déclaration de revendication n'avait été invoquée au moment du déclenchement des bombardements. En l'espèce, seules les responsabilités individuelles des auteurs des attentats permettraient de mettre en œuvre les sanctions des crimes internationaux perpétrés. Enfin, la légitimité du régime Taliban étant contestée, on ne pourrait considérer l'Etat Afghan comme responsable alors qu'il n'est plus représenté par un gouvernement propre.

---

[41] *Ibid.*, titre (ii) précédant le par.115. La Cour d'Appel réforme en ce point le jugement rendu en première instance qui avait repris à son compte la jurisprudence de l'arrêt Nicaragua, arrêt du 77 mai 1997, IT-94-16T, par. 585 et ss.
[42] Rapport de la CDI, août 2001, 53° sess. *Op.cit*, Comm. De l'art.8 par.5

Divergences relatives à l'interprétation de l'article 51

Cependant, d'une manière générale, la question de l'interprétation de la Charte ne fait pas consensus dans la doctrine. En effet, certains considèrent que les principes qu'elle contient doivent être interprétés de manière évolutive et flexible, qu'une interprétation extensive est nécessaire au regard de l'évolution du contexte international, des nouveaux acteurs et des défis du monde contemporain, tandis que d'autres au contraire défendent avec ferveur une interprétation restrictive...
Déjà dans l'esprit des gouvernants américains, le recours à la légitime défense contre l'Afghanistan visait, en plus de frapper et de punir les responsables du 11 septembre, à prévenir d'autres actes du même genre (any future acts).

C'est essentiellement autour de la qualification d'agression armée, autour de la distinction entre acte illicite de soutien, non constitutif d'une agression armée et un véritable acte d'agression qui permet la mise en œuvre de la légitime défense, qu'il existe des divergences. En effet, pour les partisans d'une interprétation extensive de la Charte, suivre les dispositions de la Charte dans une acception restreinte, ne permet pas de couvrir les éventuelles agressions par des groupes privés et autonomes à l'insu de l'Etat. Dans une telle hypothèse, l'Etat attaqué doit-il subir sans riposter ? Selon Pierre Michel Eisemann, dans la mesure où « l'invocation d'un état de nécessité n'est plus, aujourd'hui, aucunement justificatif de l'emploi de la force armée, seul le recours au concept de légitime défense appliqué à des actes n'impliquant pas l'intervention d'un Etat »⁴³ pourrait permettre de répondre négativement à cette question. Refuser à un Etat le droit de s'opposer par les armes à une attaque de même nature conduirait selon lui, à le désarmer et donc à le soumettre à l'agresseur. Les partisans d'une interprétation extensive ont argué du caractère novateur et profondément original des attentats du 11 septembre pour démontrer le caractère lacunaire et inadapté du droit international existant. C'est d'ailleurs sur le fondement de cette lacune qu'ils ont cru pouvoir affirmer la légalité de la guerre antiterroriste. Toutefois, toute inadaptée et lacunaire que puisse être la Charte, rien n'empêche de la modifier par le biais de négociations multilatérales afin de la rendre plus appropriées aux réalités d'aujourd'hui.

Mais entre-temps, le droit existant doit s'appliquer à sa juste valeur pour éviter tout détournement. En effet, comme l'affirment les défenseurs de la Charte, on ne peut combler les lacunes de celle-ci en élargissant l'exception au détriment de la règle, sans en dénaturer l'esprit et l'intention des rédacteurs et sans que cela ne présente un risque d'instrumentalisation des règles internationales au gré des intérêts particuliers.

---

[43] BANNALIER (K.), CORTEN (O.), CHRISTAKIS (T.), DELCOURT (B.), sous la dir., Le *droit international face au terrorisme*, Cedin Paris I, *cahiers internationaux n°17*, Pedone, 2002. EISEMANN (Pierre Michel), « Attaques du 11 septembre et exercice d'un droit naturel de légitime défense », pp. 239/248

II. ... au concept de guerre préventive en Irak

Le 20 mars 2003, les Etats-Unis lançaient une « guerre préventive » contre l'Irak sans l'aval des Nations Unies et dans la désapprobation générale, violant ainsi la légalité internationale et les principes fondamentaux régissant officiellement les relations internationales.

A. Adjonction de la « prévention » à la légitime défense

En ajoutant le terme « préventive » à la légitime défense dans le cadre de l'offensive contre l'Irak, les Etats-Unis ont fait d'une notion traditionnellement défensive, un concept offensif.

1) D'une notion défensive à un concept radicalement offensif

L'illégalité du concept

En 1981, Israël attaquait le réacteur irakien Osirak, en invoquant la légitime défense pour justifier sa frappe préventive. Cette attaque a été fortement condamnée, en tant que « violation évidente » par le Conseil de sécurité dans sa Résolution 487 de 1981, y compris par les Etats-Unis. Mais par la suite, l'ancien secrétaire d'Etat Collin Powell a salué cette attaque comme une « frappe militaire clairement préventive » et d'ajouter « Tout le monde s'en félicite, même si sur le moment elle fut sévèrement critiquée ».

Dans son discours prononcé le 2 juin 2002 à l'école militaire de West Point[44], le président George W. Bush proclamait l'existence d'un droit de guerre préventive, justifié par les évolutions du monde post 11 septembre dans lequel il ne faut pas attendre d'être attaqué. La lecture restrictive de l'article 51 de la Charte posant la légitime défense comme exception au principe du non recours à la force, correspond au soucis des rédacteurs de celle-ci de restreindre autant que possible le pouvoir discrétionnaire des Etats et de rendre exceptionnel le recours à la légitime défense en la soumettant à des conditions avec des critères objectifs tels que l'existence préalable d'une agression armée. Toute la question est de savoir si le terrorisme à grande échelle, n'ayant aucun lien direct avec un Etat, peut répondre à cette catégorie d'agression. Si la communauté internationale dans son ensemble a considéré que le recours à la force par les Etats-Unis en Afghanistan était raisonnable au regard de l'ampleur de l'attaque du 11 septembre et des liens entretenus entre le régime Taliban et Al Qaida, et estimant qu'une telle interprétation de l'article 51 était nécessaire au regard des nouvelles réalités, tel n'est pas le cas concernant le recours à la force contre l'Irak.

A l'image de la Commission internationale de juristes, organisme consultatif de l'ONU, nombreux sont ceux qui ont dénoncé l'illégalité de la guerre préventive. Au sein même du Conseil de sécurité, Washington n'a pu rallier à sa cause des pays depuis longtemps installés dans sa sphère d'influence,

---

[44] BUSH (George Walker), *Discours à l'Académie militaire de West Point*, 1er juin 2002, http://www.monde-diplomatique.fr/cahier/irak/a9681

comme le Chili, le Mexique ou le Pakistan. Même la Turquie a refusé de laisser passer les troupes américaines sur son territoire.

L'arrogance que leur donne la force de leur instrument militaire et le mépris du droit international ont même provoqué la plus puissante vague d'antiaméricanisme depuis la guerre du Vietnam. En effet, l'opinion publique mondiale s'est mobilisée, les manifestations de pacifistes se sont multipliées dans de nombreux pays, mais rien n'a pu empêcher le projet d'agression contre l'Irak de l'administration Bush, bien décidée à se lancer dans une véritable « croisade du bien contre le mal ».

Le concept d'action préventive contrevient en effet à toutes les règles internationales et, dans le conflit irakien ne peut être justifié comme le croient les Etats-Unis par le fait que l'Irak ait souvent été présenté comme menaçant la « sécurité des Etats-Unis ». En effet, l'usage préventif de la force n'a aucun fondement en droit international public si aucune attaque par l'Etat en cause n'a eu lieu ou paraît imminente, si celui-ci ne fait pas un large usage de la violence ou s'il n'y a pas d'urgence humanitaire. Or l'Irak n'avait menacé d'attaquer aucun pays, n'avait pas mobilisé ses troupes dans ce but et n'aurait de toutes façons pas pu se mesurer militairement aux Etats-Unis. En outre le lien entre le régime de Saddam Hussein et Al Qaida n'a pas été avéré.

Cette doctrine de guerre préventive n'est pas uniquement illégale, elle aussi dangereuse car elle menace de déstabiliser voire de détruire la paix et la sécurité mondiales.

Les arguments invoqués par les Etats-Unis

Selon George W. Bush, les menaces que doit affronter l'Amérique viennent de groupes terroristes internationaux et d'Etats qui les tolèrent, les abritent ou les soutiennent, mais aussi de ceux qui détiennent, vont s'en doter ou se préparent à fabriquer des armes de destruction massive. Or les menaces ayant changées, la riposte doit elle aussi évoluer. La stratégie de Washington viserait donc désormais à empêcher que de telles menaces ne se matérialisent en déclenchant contre leurs ennemis potentiels des actions préventives (« preemptive action »). Le sénateur Edward Kennedy opérait une distinction entre guerre « préemptive » et guerre « préventive ». La validité juridique d'une guerre « préemptive » repose sur l'existence de preuves matérielles démontrant l'éminence du danger et la nécessité d'agir. En revanche, la guerre « préventive » ne s'appuie pas sur la crainte d'une agression imminente, mais sur une peur plus lointaine et en l'espèce sur la menace stratégique que ferait peser l'Irak sur le monde.
Le 31 janvier 2002, Donald Rumsfeld, secrétaire américain à la défense, déclarait : « La défense des Etats-Unis requiert la prévention, l'autodéfense et parfois l'action en premier. Se défendre contre le terrorisme et d'autres menaces émergentes du XXIe siècle peut très bien exiger que l'on porte la guerre chez l'ennemi. Dans certains cas, la seule défense est une bonne offensive »[45].
Pour justifier une intervention armée en Irak, l'administration Bush a invoqué plusieurs arguments. Dans un premier temps,

---

[45] DE LA GORCE (Paul-Marie), « Ce dangereux concept de guerre préventive », *Le Monde diplomatique*, octobre 2002, pp. 10/11

les Etats-Unis se considérant en guerre contre le terrorisme depuis le 11 septembre 2001, ont souhaité intervenir en Irak, qu'ils avaient placé dans l'axe du mal parmi les Etats qui soutiennent le terrorisme, arguant que Saddam Hussein entretenait des liens étroits avec Al Qaida. Cependant, ce lien n'ayant jamais été avéré, Washington a mis en avant la recherche d'armes de destruction massives détenues par Saddam Hussein, au nom du respect de la Résolution 687 de 1991 et de la paix et la sécurité internationales. A ce titre les Etats-Unis préconisaient des inspections internationales sur le sol irakien. Cependant, ces dernières n'ont pu déceler la présence de telles armes et aujourd'hui encore ce qui devait être l'argument légitimant la guerre contre l'Irak, reste à l'état de suspicion, mettant largement en lumière les manipulations sinon les mensonges délibérés des gouvernements américain et britannique.

En outre si la coalition avait réellement pensé que l'Irak détenait de telles armes, elle ne serait probablement pas intervenue militairement par peur de l'usage de celles-ci et aurait prôné au contraire, comme dans le cas de la Corée du Nord qui affiche clairement qu'elle détient des armes de prolifération massive, une solution diplomatique. Enfin, Washington a mis en avant la nature indéniablement dictatoriale du régime de Saddam Hussein, régime qu'il était nécessaire de renverser pour libérer le peuple irakien et établir une démocratie qui aurait à terme vocation à devenir un modèle pour la région. Ce dernier argument permettait aux Etats-Unis de se prévaloir d'un noble objectif pour parvenir à leurs fins, opérant de plus un amalgame en considérant une nouvelle fois sans nuance, que les opposants à la guerre étaient partisans du régime de Saddam Hussein, ce qui évidemment n'était pas le cas. Ces derniers, par ailleurs satisfaits de la chute du dictateur, soutenaient simplement que quelles que soient les orientations d'un régime politique, le droit international n'autorise pas un Etat à intervenir dans les affaires intérieures d'un autre Etat. En effet, en application de l'article 2 paragraphe 7 de la Charte, le choix du régime relève logiquement de la compétence nationale. Par ailleurs, l'Irak n'est pas devenu une dictature en 2003 et, selon l'argument américain, il faudrait intervenir dans de nombreux pays où le régime est autoritaire et où les chefs d'Etat sont des dictateurs. Enfin, le droit international prévoit des mécanismes qui auraient pu être déclenchés pour sanctionner les exactions de Saddam Hussein : création d'un tribunal pénal ad hoc, saisine de la Cour Pénale Internationale pour les crimes commis après 2002...

2) **Une interprétation extensive des résolutions du Conseil de sécurité de l'ONU**

N'ayant pu obtenir une autorisation du Conseil de sécurité, les Etats-Unis font valoir qu'une nouvelle résolution n'était pas nécessaire pour justifier leur intervention, la Résolution 1441 et les précédentes sur l'Irak fournissant une base juridique suffisante.

Références aux résolutions de 1990/1991 pour justifier le recours à la force

Le 2 août 1990, les irakiens envahissent le Koweït, ce qui marque le début d'une longue série de dispositions adoptées par les Nations Unies à ce sujet. Par la Résolution 660 du 2 août 1990, le Conseil de sécurité, agissant en vertu des articles 39 et 40 de la Charte, après avoir constaté que cette invasion constitue une « rupture de la paix », condamne celle-ci et « exige que l'Irak retire immédiatement et inconditionnellement toutes ses forces pour les ramener aux positions qu'elles occupaient le 1ᵉʳ août 1990 ».

Or les Etats-Unis arguent de ce que la Résolution 678 du Conseil de sécurité autorise le recours à tous les moyens nécessaires pour faire respecter la Résolution 660 ainsi que celles adoptées ultérieurement pour rétablir la paix et la sécurité dans la région, et que la Résolution 687 du 3 avril 1991 d'autre part, exige des conditions relatives aux armes de destruction massive dans le cadre d'un cessez-le-feu. Les Etats-Unis ont ainsi transposé l'autorisation d'user de « tous les moyens nécessaires » figurant dans la Résolution 678, aux résolutions adoptées ultérieurement. Or, quand bien même l'Irak aurait violé l'obligation de cessez-le-feu imposée par la seconde résolution, seul le Conseil de sécurité aurait été habilité en vertu de la résolution à adopter des mesures supplémentaires voire de recours à la force, mais en aucun cas un des Etats membres.

Suffisance de la résolution 1441 pour légitimer l'action préventive contre l'Irak

Dans la résolution 1441 du 8 novembre 2002, le Conseil de sécurité agissant toujours en vertu du Chapitre VII de la Charte, « décide [...] d'accorder à l'Irak [...] une dernière possibilité de s'acquitter des obligations en matière de désarmement qui lui incombent en vertu des Résolutions pertinentes du Conseil, et décide en conséquence d'instituer un régime d'inspection renforcée dans le but de parachever de façon complète et vérifiée le processus de désarmement établi par la Résolution 687 (1991) et les résolutions ultérieures ». Dans cette résolution, le Conseil adresse un certain nombre d'avertissements à l'Irak et détermine avec précision le mandat de la Commission de vérification et de contrôle ainsi que celui de l'Agence Internationale de l'Energie Atomique (AIEA). Enfin le Conseil décide de « demeurer saisi de la question ».

La longue bataille diplomatique livrée sur les termes de cette résolution entre les Etats-Unis, la France et la Russie notamment, visait précisément à éviter un éventuel recours unilatéral à la force par la puissance américaine. L'interprétation française de cette résolution reposait sur un dispositif en deux temps : reprise des inspections en Irak et, en cas de manquement, rapport des inspecteurs au Conseil qui adoptera alors de nouvelles dispositions. A l'inverse, les Etats-Unis ont estimé que l'Irak ne coopérait pas totalement avec les inspecteurs et que cela suffisait à légitimer une intervention contre l'Irak, l'article 13 de la résolution ayant « averti a plusieurs reprises […] des graves conséquences auxquelles il aurait à faire face s'il continuait à manquer à ses obligations ». Quelles que soient les divergences d'interprétation de la Résolution 1441, il reste néanmoins que le recours à la force va à l'encontre de la volonté exprimée au cours des débats par la majorité des membres du Conseil.
La résolution, qui estimait que l'Irak violait substantiellement la Résolution n°687 visait à donner une dernière chance à l'Irak de la respecter et de l'appliquer. Si elle a établit un régime d'inspection forcée, elle n'a jamais autorisé le recours à la force par les Etats membres eux-mêmes. Seules les Nations Unies sont en effet habilitées à déterminer les

violations substantielles aux résolutions et à décider de la réaction opportune dans cette hypothèse.

B. Marginalisation des Nations Unies dans la guerre contre l'Irak

L'intervention américaine en Irak s'est faite sans refus de l'ONU, qui octroyait de fait son blanc seing aux Etats-Unis, tandis que ces derniers relayaient l'organisation à des fonctions subordonnées.

1) L'ONU reléguée au second plan

Des compétences limitées à des fonctions subordonnées

Les Etats-Unis, après la chute du régime irakien le 9 avril 2003, ont refusé de confier à l'ONU la gestion de l'après guerre, reléguant ainsi l'organisation à un rôle de second plan qui consisterait dans la fourniture de l'aide humanitaire toujours sous le contrôle du pentagone. Toutefois, peinant rapidement à la reconstruction civile, les Etats-Unis seront contraints de faire des concessions et d'accorder à l'ONU un rôle de plus en plus important. C'est dans ce cadre que les membres du Conseil de sécurité céderont aux demandes américaines en faisant dépendre de ce rôle croissant, la levée des sanctions en vigueur contre l'Irak depuis 1990.

Cantonnée à un rôle humanitaire et de gestion du programme « pétrole contre nourriture », l'ONU a vu son rôle s'accroître d'une résolution à l'autre, principalement par la Résolution 1500 du 14 août 2003 qui crée une « Mission d'assistance des

Nations Unies pour l'Irak » (MANUI) pour une durée initiale de 12 mois. Dans son rapport du 18 juillet 2003 établi en application du paragraphe 24 de la Résolution 1483 (2003), le Secrétaire Général expose quelles doivent être les missions des Nations Unies en Irak : apporter une aide humanitaire importante, participer à la reconstruction civile et économique, développer une presse libre et jouer un rôle important dans le rétablissement d'institutions politiques par la préparation d'élections, l'élaboration d'une constitution, la réforme des institutions judiciaires ou encore la formation d'une nouvelle police...

La passivité du Conseil de sécurité

La conjoncture relative au conflit irakien met une nouvelle fois en exergue la passivité et le silence du Conseil de sécurité. Déjà en 1990 la production normative du Conseil s'était considérablement réduite. En effet, après l'adoption de la Résolution n°678 du 29 novembre 1990, le Conseil avait attendu le 2 mars 1991 pour « prendre note » de la suspension des opérations militaires offensives menées contre l'Irak par la coalition conduite par les Etats-Unis, alors même qu'en 1990, il s'était déclaré saisi de la question. De même, le Conseil est entré en hibernation après la Résolution 1441.
Le Conseil a donc préféré la passivité à l'action. Il aurait pu adresser un avertissement aux Etats-Unis sous forme de résolution prise en vertu du Chapitre VII constatant que les propos du Président Bush, annonçant son intention de recourir à la guerre sans autorisation de l'ONU, constituaient une menace de rupture de la paix et de la sécurité

internationales. Evidemment, une telle résolution aurait pu ne pas être adoptée, les Etats-Unis usant à son encontre de leur droit de veto, mais dans ce cas, l'Assemblée générale aurait pu prendre le 'relais' et affirmer ainsi la position défendue par les Nations Unies. En effet, en cas de blocage du Conseil par le veto d'un des membres permanents, un recours à la Résolution de l'Assemblée générale n° 337 du 3 novembre 1950 « Union pour le maintien de la paix », dite Résolution Achesson[46], aurait pu être envisagé. Cette Résolution prévoit que « dans tous cas où paraît exister une menace contre la paix, une rupture de la paix ou un acte d'agression et où, du fait que l'unanimité n'a pu se réaliser entre ses membres permanents, le Conseil de sécurité manque de s'acquitter de sa responsabilité principale dans le maintien de la paix et de la sécurité internationales, l'Assemblée générale examinera immédiatement la question afin de faire aux membres les recommandations appropriées sur les mesures collectives à prendre [...] ».

2) Intervention sans le consentement de l'ONU mais aussi sans son refus

Légitimation à posteriori

Si le Conseil de sécurité n'a à aucun moment autorisé explicitement une guerre préventive au prétexte qu'un Etat pourrait avoir caché des armes de destruction massive, il a par la suite légitimé la présence américaine en Irak, ce qui

---

[46] Du nom de son inspirateur, le Secrétaire d'Etat américain, Dean Achesson.

revient implicitement à autoriser le concept de légitime défense ou d'action préventive. Il reste a espérer que cette décision ne crée pas un précédent ouvrant la voie à d'autres guerres ayant un caractère préventif car plus d'une vingtaine de pays pourraient alors constituer des cibles pour de telles opérations.

Après la guerre, l'ONU n'est pas parvenue à s'imposer comme premier responsable du rétablissement de la paix, mais pire encore, elle a largement contribué à légaliser le fait accompli américain.

En contrepartie du rôle de plus en plus important concédé aux Nations Unis par les Etats-Unis dans l'après guerre, ces derniers ont obtenu une reconnaissance officielle de leur occupation en Irak par la Résolution 1483 du 22 mai 2003. Cette résolution apporte donc une légitimité certaine à la guerre déclenchée sans autorisation à peine deux mois auparavant et entérine la prise de contrôle de l'Irak par les Etats-Unis en leur confiant officiellement la reconstruction de l'Irak, l'exploitation des ressources pétrolières et l'organisation en coopération avec l'ONU d'un processus politique devant conduire à des élections et à la formation d'un gouvernement démocratique. Désormais, les Etats-Unis ne sont plus la puissance occupante mais « l'Autorité ».

En levant les sanctions contre l'Irak, le Conseil de sécurité instaure une phase de sortie du programme « pétrole contre nourriture » et prévoit la nomination d'un Représentant spécial des Nations Unies. Dans cette lignée sera adoptée le 16 octobre 2003 la Résolution 1511 qui accède à une autre exigence américaine en ne fixant aucun délai à « l'Autorité provisoire de la coalition » pour transférer le pouvoir aux irakiens, les Etats-

Unis exerçant ces responsabilités « jusqu'à ce qu'un gouvernement représentatif internationalement reconnu soit mis en place par le peuple irakien et assume les responsabilités de l'Autorité ». En outre, le Conseil donne une nouvelle légitimité au Conseil du gouvernement irakien mis en place par l'Autorité, offrant ainsi une présomption de représentativité et de respectabilité à un organe sans pouvoir réel, installé par les Etats-Unis alors qu'ils étaient encore la « puissance occupante ».

La soumission du Secrétaire Général

Le Secrétaire Général des Nations Unies remplit des fonctions politiques et diplomatiques et se trouve investi d'une autorité indéniable pour imposer les vues et les idéaux de l'ONU. Il doit veiller au respect de la Charte par les pays membres et s'assurer que ses relations avec ces derniers sont correctes, sans pour autant aller jusqu'à l'alignement voire la soumission à l'un d'entre eux.
Or, concernant la question irakienne, Kofi Annan, actuel Secrétaire Général de l'ONU semble s'être vite soumis à la volonté belliqueuse des Etats-Unis, après avoir pourtant déployé des efforts louables prônant la solution diplomatique. En effet, avant le 17 mars 2003, il a commencé à réduire les effectifs du personnel de l'ONU et à organiser le rapatriement des experts en désarmement et des casques bleus stationnés sur la frontière entre l'Irak et le Koweït, alors même qu'il n'avait reçu aucun mandat à cet effet, ni du Conseil de sécurité, ni d'un autre organe de l'ONU. Ce mouvement de retrait s'est accéléré après le discours de Georges W. Bush du 17 mars 2003, annonçant sa détermination à déclencher la

guerre contre l'Irak. Si le Secrétaire Général est effectivement responsable de la sécurité et de l'intégrité physique des experts et des troupes de l'ONU, il a outrepassé ses pouvoirs en ne se référant pas au Conseil de sécurité qui seul, a le pouvoir d'ordonner le retrait des troupes et de prolonger les mandats.

Par ailleurs, après le déclenchement des hostilités par la coalition anglo-américaine, Kofi Annan a gelé le programme « pétrole contre nourriture ». Or, par un raisonnement identique, ce programme ayant été décidé et reconduit par le Conseil de sécurité[47], le Secrétaire Général n'avait aucun mandat pour décider seul du gel de ce programme.

Le Secrétaire Général a ainsi donné sa bénédiction tacite aux Etats-Unis dans leur guerre préventive contre l'Irak, bien qu'il continue de déclarer cette guerre illégale au regard de la Charte.

L'extension de la légitime défense aux fins de légitimation de l'intervention américaine tant en Afghanistan qu'en Irak manifeste en premier lieu le non respect du droit international dans le cadre de la guerre contre le terrorisme. Mais ce constat s'étend au-delà d'une interprétation extensive puisque les Etats-Unis ont par ailleurs violé des règles de droit international humanitaire en refusant d'appliquer les Conventions de Genève.

---

[47] Par sa Résolution 1447 du 4 décembre 2002, le Conseil a décidé « que les dispositions de la résolution 986 (1995), à l'exception de celles qui figurent aux paragraphes 4, 11, et12, et les dispositions des paragraphes 2, 3 et 6 à 13 de la Résolution 1360 (2001), et sous réserve du paragraphe 15 de la Résolution 1284 (1999) et des autres dispositions de la présente résolution, demeureront en vigueur pendant une nouvelle période de 180 jours, commençant à 0h1 (heure de New York), le 5 décembre 2002 ».

CHAPITRE III

La violation des Conventions de Genève

Bien que la guerre soit hors la loi depuis le début du XXe siècle, elle a toujours existé et persiste aujourd'hui encore dans les relations internationales. Défense et protection, elle est surtout un instrument de promotion des intérêts particuliers au-delà des frontières. Quoi qu'il en soit, les populations civiles en pâtissent et il est rapidement devenu indispensable d'établir des standarts de protection pour les civils et un minimum de règles régissant les conflits armés. Ceci fut l'œuvre des Conventions de Genève de 1949. C'est précisément cette législation qui a été largement bafouée par les Etats-Unis dans leurs offensives contre l'Afghanistan et contre l'Irak, estimant ces conventions « obsolètes » et non adaptées aux défis du monde contemporain et de la guerre contre le terrorisme.

I. Le droit de Genève ou les règles applicables aux conflits armés

Les Conventions de Genève sont nées en 1949 de la nécessité de règlementer les conflits armés. Autrefois appelé droit de la guerre, elles ont symbolisé l'émergence d'un droit international humanitaire et ont prévu les règles de sa mise en oeuvre.

A. L'émergence d'un droit international humanitaire

La Croix Rouge est universellement reconnue comme garante du droit international humanitaire (DIH), de par son rôle central dans le contrôle de l'application des Conventions de Genève. Celles-ci répondent à la nécessité de règlementer les conflits armés et posent les règles théoriques de mise en œuvre de ce droit.

1) La naissance du droit international humanitaire et de la Croix Rouge

La nécessité de règlementer les conflits armés

En juin 1859, la bataille de Solferino, où les armées françaises et Sardes remportent la victoire sur les Autrichiens, fait de nombreux morts. Henri Dunant, un jeune suisse, y assiste dans l'espoir d'y rencontrer Napoléon III. Mais face à l'horreur de cette bataille des plus sanglantes, il va finalement consacrer sa vie à rechercher des solutions pratiques et juridiques pour améliorer le sort des victimes de la guerre. Il écrira <u>Un souvenir de Solferino</u> dans lequel il propose d'une part la création dans chaque pays, d'une société de secours qui, dès les temps de paix se préparerait pour aider le service de santé de l'armée en temps de guerre et, d'autre part, il appelle de ses vœux un accord entre Etats pour assurer et reconnaître une protection juridique particulière pour le personnel sanitaire et les hôpitaux militaires.

La première idée donnera naissance à la Croix rouge tandis que la seconde aboutira à la première convention de Genève sur le droit humanitaire.

Le champ d'application du droit international humanitaire (DIH) diffère de celui des droits de l'Homme. Alors que les dispositions relatives aux droits de l'Homme sont d'application générale, c'est-à-dire sans restriction de temps ou de lieux, le DIH, plus ancien, régit les relations entre Etats en période de conflits et relève du droit des conflits armés. Il s'agit en fait communément et par confusion, de ce qu'on appelle le droit de la guerre, qui se divise cependant entre le jus ad bellum (le droit de recourir à la guerre, l'aspect préventif) et le jus in bello (l'ensemble des règles liant les belligérants lors d'une guerre). Toutefois, on préfère aujourd'hui parler de droit des conflits armés, la guerre étant en principe interdite. Il peut paraître étrange qu'il existe des règles régissant les conflits armés alors que le recours à la force est interdit, cela s'explique pourtant par le fait que cette interdiction n'exclut pas les cas de recours à la force autorisé (légitime défense, lutte contre les colonisateurs...). En outre, cette règle fondamentale du droit international public étant souvent bafouée en pratique, sa règlementation apparaît comme un moindre mal. Ce droit des conflits armés se divise entre le droit humanitaire dit « droit de Genève » et le droit relatif à la conduite des hostilités, dit « droit de la Haye ».

La création de la Croix Rouge

Reprenant l'idée de Dunant, Gustave Moynier qui présidait une association d'utilité publique à Genève, décide de créer un comité : « le comité des cinq », constitué de Moynier, Dunant, Dufour et deux médecins, Appiat et Maunoir. Ce comité se réunit dès février 1863 et deviendra le Comité International de la Croix Rouge (CICR) en 1880.

Par ailleurs, le gouvernement helvétique organise une conférence le 22 août 1864, pour « l'amélioration du sort des militaires blessés dans les armées en campagne », qui décide d'accorder, en inversant les couleurs du drapeau fédéral Suisse, un signe distinctif de la protection à accorder aux militaires blessés : une croix rouge sur un fond blanc.
Ce signe n'a aucune connotation religieuse mais certains tels que la Turquie ou les pays islamistes sont gênés et adoptent un autre signe : le Croissant Rouge. (D'autres signes ont été proposés mais la Conférence diplomatique de 1929 les a rejetés).

Le mouvement de la Croix Rouge et du Croissant Rouge comprend plusieurs unités. D'une part il existe dans quasiment tous les Etats une Société Nationale (ONG, association...) qui bénéficie de la reconnaissance du gouvernement et est considérée comme auxiliaire des pouvoirs publics dans le domaine humanitaire. Chaque société voit son statut déterminé par le droit de l'Etat où elle a son siège. D'autre part, au niveau international, ces sociétés sont fédérées par la ligue des Sociétés Nationales, aujourd'hui « Fédération internationale des Sociétés Nationales de Croix Rouge et de Croissant Rouge », qui coordonne les actions internationales de secours pour les victimes de catastrophes naturelles et les réfugiés en dehors des zones de conflits. En cas de conflits, il appartient au CICR d'assurer l'action générale de la Croix Rouge. Enfin des conférences internationales se réunissent tous les quatre ans depuis 1887.

L'action de la Croix Rouge est guidée par le principe de neutralité (humanité, impartialité, indépendance...).

L'objectif est d'atteindre les victimes et pour ce faire, la Croix Rouge ne prend pas part aux hostilités, elle ne participe pas aux controverses d'ordre politique. Il s'agit de gagner la confiance des gouvernants afin d'obtenir le consentement des Etats souverains qui est incontournable pour l'effectivité de l'action. Toutefois, pour ne pas voir son capital de confiance diminuer auprès des Etats, la Croix Rouge est restée passive et silencieuse sur des violations dont elle avait connaissance, ce qui lui a valu de vives critiques.

Ainsi, à l'encontre de l'image conventionnelle et institutionnelle de la Croix Rouge, le « sans frontiérisme » naîtra en 1971 suite à la guerre du Biafra ayant mis en lumière les limites de la « diplomatie humanitaire », la Croix Rouge étant enfermée dans un formalisme juridique. L'idée est qu'il ne s'agit pas de faire de la diplomatie mais juste de l'humanitaire. Si la Croix Rouge tire sa puissance de la loi, au contraire le mouvement sans frontières la transgresse et prône l'ingérence au nom du respect des droits de l'Homme. De même, à l'inverse du silence gardé par le CICR sur les exactions des Etats dans le but d'atteindre les victimes, ce mouvement se fait un véritable devoir moral de dénoncer et de témoigner.

Il s'appuie sur l'opinion publique qui est de plus en plus facilement mobilisable grâce au développement des moyens de communication. Les « sans frontiéristes » sont les premiers à faire un usage massif des médias sous l'impulsion de Bernard Kouchner et de Claude Malhuret qui défendent la « loi du tapage médiatique : sans images, pas d'indignation ». Ils font une publicité massive avec en 1976 la première campagne de Médecins Sans Frontières (MSF) : « Dans leur salle d'attente, deux milliards d'hommes ».

La diffusion d'images est associée à la sollicitation de contributions financières. On en appelle à une éthique professionnelle, à la philanthropie de l'homme...

2) Les mécanismes juridiques du droit international humanitaire

Les Conventions de Genève

Le droit international humanitaire est dit droit de Genève car il est prévu essentiellement par les Conventions de Genève de 1949. En effet, après que le droit de La Haye a fixé au XIXe et au début du XXe siècle les droits et devoirs des belligérants dans la conduite des opérations, les Conventions de Genève du 12 août 1949 ont renforcé la protection juridique des victimes. Au nombre de quatre, celles-ci posent les règles applicables aux conflits armés. La Convention I relative à l'amélioration du sort des blessés et des malades dans les forces armées en campagne, et la Convention II relative à l'amélioration du sort des blessés, des malades et des naufragés dans les forces armées sur mer, définissent les personnes protégées. Il s'agit des personnes qui s'abstiennent de tout acte d'hostilité. Dès lors, tous les blessés, malades, naufragés (...), quel que soit leur camp, doivent être protégés. Ces textes s'appliquent de manière non discriminatoire. Par ailleurs, le matériel, le personnel et les moyens médicaux bénéficient d'une protection, ce qui témoigne de l'importance des signes distinctifs de la Croix Rouge et du Croissant Rouge.

La Convention III relative à la protection des prisonniers de guerre prévoit le statut de ces derniers et repose sur le principe que tout membre des forces armées partie au conflit est un combattant et que tout combattant capturé par la partie adverse est un prisonnier de guerre. De plus, en cas de doute sur le statut de la personne, celle-ci est présumée prisonnière jusqu'à ce que le doute soit levé.
Enfin la Convention IV est relative à la protection des personnes civiles et des populations civiles en temps de guerre. Si la protection générale des populations civiles est prévue par les Conventions de la Haye de 1907 qui ont acquis un caractère coutumier, certaines règles ont été réaffirmées et développées dans le cadre de la Convention IV.
En 1977, deux protocoles additionnels sont venus compléter et approfondir ces conventions.

Les Protocoles additionnels

Le Protocole I du 8 juin 1977 sur les conflits armés internationaux étend la protection des Conventions I et II à tous les blessés, qu'ils soient civils ou relevant des forces armées. Toutefois, ce Protocole n'ayant été ratifié ni par les Etats-Unis, ni par l'Irak, il ne peut trouver application dans le cadre de la guerre contre l'Irak.
Il est cependant intéressant de noter qu'il rappelle ce que doit être le comportement des combattants au cours des hostilités. En effet, les parties n'ont pas une liberté illimitée quant au choix et aux méthodes de faire la guerre. Il est interdit d'employer certaines armes ou matières ainsi que des méthodes de nature à causer des maux superflus. Il doit donc exister un rapport raisonnable entre les moyens mis en œuvre

et les destructions entraînées, en vertu du principe de proportionnalité. Ce protocole définit également les personnes et les biens civils faisant l'objet de la protection prévue par la Convention IV. Ainsi, toute personne qui n'appartient pas aux forces armées doit être considérée comme civile, de même qu'en cas de doute sur son statut. Les biens civils quant à eux sont ceux qui ne sont pas des objectifs militaires, c'est-à-dire qui par leur nature, leur emplacement ou leur utilisation n'apportent pas de contribution effective à l'action militaire et dont la destruction ou la neutralisation n'offre pas d'avantage précis. Le Protocole dresse alors une liste de biens indiqués comme étant protégés (biens indispensables à la survie de la population tels que les denrées alimentaires, les réserves agricoles, les ouvrages d'irrigation, les biens culturels...). Il est en effet interdit d'affamer la population civile de l'adversaire ou de causer des dommages étendus, durables et graves à l'environnement ou qui peuvent compromettre la survie de la population. Il est important de noter que dans son article 1, le Protocole I étend la notion de conflits armés internationaux aux guerres de libération nationale, sous domination étrangère, occupation ou sous régime raciste.

Le Protocole II, également du 8 août 1977 étend quant à lui certaines des dispositions aux conflits armés non internationaux et apporte quelques précisions. Il ajoute des règles spécifiques pour les conflits de « haute intensité » où les forces dissidentes sont organisées sous la conduite d'un commandement responsable et s'exercent sur une partie du territoire. Il pose toutefois les critères qui permettent de distinguer un conflit armé non international d'un acte de banditisme et ne s'applique pas aux tensions internes, aux émeutes ou aux actes isolés.

B. La mise en œuvre théorique du droit international humanitaire

Les conventions de Genève, combinées à action de l'ONU posent le cadre d'application et de mise en œuvre du DIH, notamment en imposant des obligations aux puissances occupantes dans le cadre d'un conflit et en réservant au CICR un rôle important.

1) Le cadre d'application posé par les Conventions de Genève et par l'ONU

Les dispositions communes aux quatre conventions

Les Conventions de Genève de 1949 ont entendu donner au DIH une acception large. C'est pourquoi chacune des quatre conventions a posé dans un premier temps les mêmes principes. L'article 1 commun prévoit l'obligation pour tous les Etats de respecter et de faire respecter le DIH en toutes circonstances. L'alinéa 3 de l'article 2 commun envisage l'abandon de la clause de réciprocité. En effet, longtemps l'application du droit des conflits armés était limitée par une clause de réciprocité, la clause « Si omnes », qui prévoyait que la convention ne s'appliquerait que dans les cas où tous les belligérants seraient formellement liés par cette convention. Désormais cette clause n'existe plus, elle est tombée en désuétude lorsque le Tribunal de Nuremberg a considéré que le droit des conflits armés appartenait au droit international général et qu'à se titre, tous les Etats devaient respecter et appliquer les conventions dans leurs dispositions inaliénables. Ceci rejoint l'article 3 commun qui prévoit l'application de la clause de Martens qui dispose que des règles minimum s'appliquent lorsque rien n'est stipulé dans le droit conventionnel, et ce même en cas de conflits internes. Toutefois, l'appréciation de ces règles inaliénables ou coutumière est toujours subjective.

L'action traditionnelle des organes subsidiaires de l'ONU

L'ONU joue un rôle dans le DIH, notamment par l'intermédiaire de certains de ses organes subsidiaires. On peut ainsi retenir l'action du Haut Commissariat aux Réfugiés (HCR) qui s'assure de l'application des règles internationales pour les réfugiés, leur offre une assistance matérielle, veille à leur accueil dans les pays d'asile... L'UNICEF (organisation des Nations Unies pour la protection des droits de l'enfant) s'occupe des questions d'enseignement et de santé des enfants dans les pays en développement ou dans les pays dévastés par la guerre. Par ailleurs, l'ONU a crée différents programmes d'aide : le Programme des Nations Unies pour le Développement (PNUD) ou le Programme Alimentaire Mondial (PAM) par exemple.

L'intérêt croissant de l'ONU pour les questions de droit humanitaire, encouragé par les ONG et souhaité par les Etats, s'est matérialisé en avril 1992 par la création d'un département des affaires humanitaires.
Mais certains Etats refusent l'action de l'ONU du fait de sa connotation politique et préfèrent l'intervention du CICR. Cependant ce dernier exerce une influence à l'ONU grâce à

son statut consultatif au Conseil économique et social depuis 1990. De plus, il dispose du statut d'observateur à l'Assemblée Générale des Nations Unies.

2) Les piliers du droit international humanitaire

Le rôle central du Comité International de la Croix Rouge

Le CICR est investi d'un rôle central dans le cadre du DIH. L'article 5 des Statuts du Mouvement International de la Croix Rouge et du Croissant Rouge[48], octroi au CICR le rôle "d'assumer les tâches qui lui sont reconnues par les Conventions de Genève, de travailler à l'application fidèle du droit international humanitaire applicable dans les conflits armés et de recevoir toute plainte au sujet des violations alléguées de ce droit" (2, c); ainsi que celui "de travailler à la compréhension et à la diffusion du droit international humanitaire applicable dans les conflits armés et d'en préparer les développements éventuels" (2, g). En application des Conventions de Genève, le CICR doit se voir accorder l'accès aux personnes détenues dans le cadre d'un conflit armé international, qu'il s'agisse de prisonniers de guerre ou de personnes protégées par la IVe Convention de Genève, le CICR visite les prisonniers pour s'assurer qu'ils soient détenus dans des conditions acceptables et puissent communiquer avec leur famille, contribue à soigner les blessés et cherche à préserver l'ensemble de la population civile. En dehors des situations de conflit armé, le CICR dispose d'un droit d'initiative humanitaire. C'est ainsi qu'il

---

[48] Manuel du Mouvement International de la Croix Rouge, Genève, CICR, 1955

visite régulièrement des personnes emprisonnées en temps de paix pour des raisons de sécurité. Le CICR a par ailleurs la lourde tâche de s'interroger constamment sur les manquements que l'on peut constater dans l'observation du droit international humanitaire, de chercher si les insuffisances sont de nature à justifier une révision du droit et, si une telle révision semble nécessaire, de prendre les initiatives propres à la faciliter et à mettre en lumière les aspects humanitaires des problèmes, notamment sur la base des expériences faites dans les conflits armés.

Les obligations des puissances occupantes

Le jus in bello s'applique dès lors qu'un conflit armé international survient. Dès l'intervention de la coalition anglo-américaine en Irak, les règles du jus in bello sont donc devenues applicables, imposant un certain nombre d'obligations internationales aux forces occupantes.
Compte tenu de l'argumentaire de la coalition qui légitimait son intervention en Irak comme une action d'humanité destinée à libérer le peuple irakien du joug de Saddam Hussein, celle-ci se présentait davantage comme une force de libération que d'occupation. Néanmoins, cette intervention n'ayant aucun fondement juridique, la présence continue des armées américaines et britanniques en Irak et la disparition de toute autorité effective irakienne dans le pays, permettent de retenir la qualification juridique d'occupation pour définir cette situation. En effet, aux termes de l'article 42 du Règlement de La Haye de 1907, « *un territoire est considéré comme occupé lorsqu'il se trouve placé de fait sous l'autorité de l'armée ennemie* ». Cette qualification a également été

retenue par les Nations Unies dans la Résolution 1483 du 22 mai 2003.

Quelle que soit la légalité de l'occupation, celle-ci crée des responsabilités et des obligations vis-à-vis du territoire occupé et de sa population. Ainsi, l'article 49 de la IVe Convention interdit aux forces occupantes tout acte de déportation, transfert ou évacuation forcée de population hors du territoire occupé. Elles ne peuvent en aucun cas recourir à des traitements cruels ou inhumains, à la torture ou à des peines collectives. L'article 43 du Règlement de La Haye prévoit également que les puissances occupantes doivent prendre toutes les mesures nécessaires pour rétablir et assurer l'ordre public, dans le respect des lois en vigueur sur le territoire occupé. Ces dernières doivent en outre s'acquitter des responsabilités d'approvisionnement de la population en eau, en nourriture et en médicaments, ainsi que du maintien des établissements et services médicaux, d'assurer la santé, l'hygiène publique ou encore le bon fonctionnement des établissements d'éducation.
Par définition, l'occupation doit être temporaire et ne peut aboutir en l'état actuel du droit international à une annexion ou une acquisition de territoire. Tel n'est d'ailleurs pas un des buts affichés de la coalition et depuis la chute du régime de Saddam Hussein le 9 avril 2003, l'Irak est demeuré un Etat indépendant bien que privé de tout gouvernement effectif capable d'administrer son territoire et sa population. Le 21 avril 2003, le général américain Jay Garner était nommé administrateur de l'Irak puis remplacé par Paul Bremer, un représentant du département d'Etat, le 12 mai 2003. Le 13 juillet 2003, les forces de la coalition ont créé un organe

intérimaire, le Conseil du gouvernement transitoire irakien, qui dispose, sous contrôle de l'administrateur américain, de compétences exécutives classiques (nomination des ministres, révision des lois...). Kofi Annan ayant rappelé que la démocratie ne pouvait « être imposée de l'extérieur »[49] et que l'objectif demeurait la « fin de l'occupation militaire par la mise en place d'un gouvernement internationalement reconnu et représentatif »[50], le transfert de souveraineté aux irakiens s'organisa pour le 30 juin 2004. Mais c'est finalement avec une avance de deux jours sur le calendrier que celui ci eut lieu, par la création le 28 juin 2004 du gouvernement irakien d'Iyad Allaoui. Cependant, la sécurité et l'ordre public n'étant toujours pas rétablis, il semble difficile pour l'administration américaine de se retirer.

Au regard des règles juridiques existantes, on ne peut nier les exactions commises par les Etats-Unis et la Grande Bretagne dans le cadre de la guerre contre le terrorisme.

II. Les exactions commises par la coalition

Les Etats-Unis, pourtant signataires des Conventions de Genève, ont ouvertement refusé d'appliquer dans certains cas ces dernières dans le cadre de leur guerre contre le terrorisme, arguant de ce qu'elles étaient inadaptées et obsolètes. De fait, et à l'image du sort réservé aux prisonniers, les Etats-Unis et la Grande Bretagne se sont rendus coupables de crimes internationaux.

---

[49] Rapport du secrétaire général du 18 juillet 2003, S/2003/715, paragraphe 24, p.6
[50] Communiqué de presse SG/SM/8789, 22 juillet 2003

A. Le traitement réservé aux prisonniers de la guerre contre le terrorisme

La zone de non-droit de Guantanamo, base américaine située à Cuba, et les conditions de détentions des prisonniers de guerre ont été une des manifestations des violations du droit international humanitaire.

1) La zone de non-droit de Guantanamo

Le statut de « combattants illégaux »

Si l'on considère que l'intervention militaire américaine en Afghanistan répond à la qualification de conflit armé international, alors la IIIe Convention de Genève relative au traitement des prisonniers de guerre doit s'appliquer. En effet, cette Convention est valide « en cas de guerre déclarée ou de tout autre conflit armé surgissant entre deux ou plusieurs des Hautes parties contractantes, même si l'état de guerre n'est pas reconnu par l'une d'elles »[51] et en l'espèce tant les Etats-Unis que l'Afghanistan sont parties à la convention.

L'une des priorités de l'administration Bush après les évènements du 11 septembre, était de neutraliser les combattants capturés en Afghanistan, les maintenir en détention pour éviter qu'ils ne reconstituent des bases terroristes ailleurs et les placer sous contrôle américain jusqu'à la fin de la « guerre contre le terrorisme ». La IIIe Convention autorise une telle détention des prisonniers de

---

[51] AUDEOUD (Olivier), « Prisonniers sans droits de Guantanamo », *Le Monde diplomatique*, avril 2002, p.16

guerre jusqu'à la fin des hostilités. Dès lors, les Etats Unis justifient la détention de ces personnes au regard de la convention. Néanmoins, dans le même temps, l'administration Bush soutient que les combattants du régime Taliban, s'ils bénéficient de la protection de cette convention, ne peuvent se voir appliquer le statut de prisonnier de guerre. Par ailleurs, elle refuse d'appliquer cette convention dans son ensemble aux miliciens d'Al Qaida, considéré comme « a foreign terrorist group »[52], qui doivent juste être traités avec humanité. En résumé, il n'existe aucun fondement juridique à la détention des miliciens d'Al Qaida, mis à part les décrets pris par le Président américain. Le fait de ne pas reconnaître aux combattants talibans le statut de prisonniers de guerre tout en reconnaissant l'application de la IIIe Convention de Genève revient à en faire une interprétation subjective et arbitraire répondant aux intérêts américains.

Selon les responsables américains, les détenus transférés à Guantanamo sont des « combattants illégaux » qui n'ont aucun droit dans le cadre de la IIIe Convention de Genève, dès lors qu'ils appartiennent à une organisation non étatique et transnationale. Nombreux sont ceux qui ont été transférés à Guantanamo bien après la fin des hostilités ouvertes d'octobre 2001 et sont traités comme tels en raison de leur appartenance présumée aux structures du terrorisme international. L'administration américaine opère alors une sous distinction entre « combattants ennemis », qui désigne des citoyens américains arrêtés dans le cadre de la guerre

---

[52] Communiqué de la Maison Blanche du 7 février 2002. <www.whitehouse.gov/news/releases/2002/02/print/20020207-13.html>

contre le terrorisme, et « combattants irréguliers », pour les non américains. Cette notion de combattants illégaux fait référence à l'affaire des saboteurs allemands en 1942 où la Cour suprême américaine avait fait une distinction entre les combattants réguliers qui pouvaient se voir appliquer le statut de prisonnier de guerre et les combattants irréguliers dont le jugement et la répression devaient être opérés par des tribunaux militaires[53]. Mais cette notion demeure inconnue du droit international et la Convention de Genève est assez large pour pouvoir s'appliquer à ces détenus. En effet, elle considère en principe que tout individu pris les armes à la main est un prisonnier de guerre, sauf preuve contraire ne pouvant être apportée que par une juridiction. Au regard des alinéas 1 et 3 de l'article 4 qui prévoient qu'ont la qualité de prisonniers de guerre « les membres des forces armées d'une partie au conflit, de même que les membres des milices et des corps volontaires faisant partie de ces forces armées » (al.1) et « les membres des forces armées régulières qui se réclament d'un gouvernement ou d'une autorité non reconnus par la puissance détentrice » (al.3), on peut considérer que les combattants de l'armée régulière talibane sont des prisonniers de guerre. De même, concernant les membres d'Al Qaida, l'alinéa 2 permet également de les considérer comme prisonniers de guerre : « les membres des autres milices et les membres des autres corps de volontaires, y compris ceux des mouvements de résistance organisés... »
En outre, quand bien même il existerait un doute sur la qualité de prisonnier de guerre des membres d'Al Qaida,

---

[53] Affaire Ex parte Quirin, *United States Reports*, vol. 317, 1942, p.1.

l'article 5 stipule que « [...] lesdites personnes bénéficieront de la présente convention en attendant que leur statut ait été déterminé par un tribunal compétent ».

Enfin, de toutes façons, même si un tel tribunal venait à leur refuser la qualité de prisonniers de guerre, ceux-ci tomberaient sous la protection de la IVe Convention de Genève relative à la protection des personnes civiles en temps de guerre[54]. Assurément, le fait que les membres d'Al Qaida ne disposent pas de signes distinctifs de l'appartenance au groupe et le fait de masquer les structures de commandement, leur permet de se confondre avec la population civile et par voie de conséquences, justifie qu'ils ne soient pas traités comme des soldats. Ce point rencontrerait certainement l'approbation générale s'il ne reposait pas sur la confusion entre l'activité terroriste d'Al Qaida et son activité militaire aux côtés du gouvernement taliban. En effet, ce dernier cas relève de la Convention III qui englobe les milices indépendantes dès lors qu'il existe une simple « liaison de fait » avec les forces gouvernementales.

Cette position met une nouvelle fois en lumière la lecture sélective du droit international opérée par Washington. L'administration américaine « pioche » dans les

---

[54] L'article 42 de la IVe Convention de Genève relative à la protection des civils en temps de guerre, autorise l'internement ou la mise en résidence forcée de civils « si la sécurité de la puissance au pouvoir de laquelle ces personnes se trouvent le rend absolument nécessaire ». Par ailleurs, le Protocole I de 1977 additionnel aux Conventions de Genève contient des dispositions plus précises mais, n'ayant pas été ratifié par ces Etats, il ne peut trouver application dans le cadre de la détention des prisonniers sur la base américaine à Cuba.

instruments internationaux pour justifier telle ou telle initiative, mais elle se refuse à appliquer les autres dispositions de ces instruments. En résultent des incohérences notoires dans sa politique. Ainsi, la légitime défense invoquée pour riposter contre l'Afghanistan en octobre 2001 était légitimée par les Etats-Unis au motif que le régime Taliban avait des liens suffisants avec le réseau Al Qaida pour que puisse être imputée à l'Etat Afghan la responsabilité de l'agression armée du 11 septembre. En revanche, l'administration américaine argue du caractère non étatique de l'organisation Al Qaida et même du régime Taliban pour justifier de la non application aux détenus Afghans du statut de prisonnier de guerre.

De plus, l'ambiguïté de la notion de « guerre » contre le terrorisme ajoute à la confusion juridique, car la guerre en principe entraîne nécessairement le respect du droit des conflits armés.

Les tribunaux militaires ou le non respect de la procédure

La IIIe Convention prévoit que les captifs sont soumis à l'autorité militaire de la puissance détentrice qui leur applique ses règlements et exerce sur eux son pouvoir de commandement (article 82).

Ils peuvent faire l'objet de sanctions disciplinaires et de poursuites judicaires devant les commissions militaires (articles 84).

Le Military Order[55] du 13 novembre 2001 adopté par le président George W. Bush, permet de soumettre les personnes détenues sur la base de Guantanamo à la juridiction de tribunaux militaires d'exception, ce qui est conforme aux clauses de la Convention. Toutefois, aucunes des dispositions relatives au déroulement des jugements ou à la procédure n'est respectée et ce texte ne s'applique pas aux citoyens américains. De fait il se trouve en contradiction avec la Constitution américaine. En effet, aucune disposition constitutionnelle ne saurait justifier que les étrangers ne bénéficient pas des mêmes droits et garanties constitutionnels que les américains dans le cadre d'une procédure pénale. En outre, les détenus n'ayant pas le statut de prisonnier de guerre devraient être considérés comme des civils. Or la Constitution, si elle reconnaît la compétence de tribunaux militaires concernant des militaires, n'autorise en aucun cas l'organisation de telles procédures à l'encontre de personnes civiles, même suspectées d'avoir commis des actes terroristes ou d'autre crimes de droit commun.

De plus, le Military Order soustrait à la compétence des juridictions de droit commun des faits qui sont de leur ressort, en violation de l'article 3 de la Constitution américaine[56]. En effet, les juridictions militaires d'exception créées par le Miltary Order ne présentent pas les mêmes garanties que celles prévues dans le Code de justice

---

[55] « Etats-Unis : qu'est ce que le décret militaire de novembre 2001 », *Amnesty.org*
[56] L'article 3 de la Constitution américaine dispose : « le pouvoir judiciaire des Etats-Unis sera conféré à une Cour Suprême et à telles cours inférieures dont le Congrès pourra de temps à autre ordonner l'institution... ».

américain pour les Cours martiales (Uniform Code of Military Justice).
Les garanties fondamentales en matière judiciaire ne sont pas respectées. La Convention prévoit des règles de procédure telles que l'interdiction des pressions physiques ou morales pour obliger la personne à se reconnaître coupable (article 99), la possibilité d'appel (article 106), les garanties d'indépendance, d'impartialité et du respect des droits et des moyens de la défense par les tribunaux militaires (article 104)... Or tel n'est pas le cas dans le Military Order, la présomption d'innocence n'est pas respectée, l'accusé ne peut pas choisir un avocat, le droit d'accès aux pièces à charge n'est pas prévu, les textes régissant la preuve ne sont pas fixés...
Paul Wolfowitz, vice ministre de la défense américaine est alors au cœur de ce processus des commissions militaires. Il lui appartient de choisir les juges et le Procureur, de fixer les chefs d'accusation, d'examiner les recommandations et même de trancher. Les militaires quant à eux seront à la fois interrogateurs, procureurs, conseillers de la défense, juges et voire même bourreaux puisque la peine maximale pouvant être prononcée dans le cadre de ces juridictions est la peine de mort.

Face aux nombreuses critiques opposées au gouvernement, la Cour suprême s'est saisie de la question dès novembre 2003. Déjà en 1946, la Cour suprême des Etats-Unis déclarait que des personnes civiles ne pouvaient en aucun cas être attraites devant une juridiction militaire d'exception dès lors que les juridictions de droit commun étaient en état de fonctionner normalement[57]. Il aura fallu deux ans et demi pour que la plus haute juridiction américaine, garante de la Constitution, se prononce sur le cas Guantanamo dans deux arrêts rendus le 28 juin 2004 et mette ainsi fin aux zones de non droit créées dans le cadre de la lutte contre le terrorisme. Désormais, les prisonniers considérés comme combattants « ennemis »[58] ou « irréguliers »[59], qu'ils soient donc américains ou étrangers, pourront saisir les tribunaux civils américains et contester leur détention, qu'ils soient détenus aux Etats-Unis (notamment à Bagram) ou à Guantanamo Bay. Ces décisions, au grand étonnement des responsables des ministères de la défense et de la justice, devraient entraîner plusieurs centaines de recours au nom des quelques 600 prisonniers. La base de Guantanamo n'étant dans le ressort d'aucun tribunal fédéral, les plaignants pourraient en droit, saisir la juridiction de leur choix. Mais pour éviter une dispersion des recours et limiter les déplacements des avocats, des procureurs et des victimes, l'une des parades proposées par le gouvernement consiste à rassembler les détenus sur une base militaire en Caroline du Sud ou en Virginie, où, en sus, les magistrats sont majoritairement conservateurs. Une autre hypothèse serait de créer à Guantanamo un tribunal civil.

---

[57] Affaire Duncan v. Kahanamoku, *Unites States Reports*, vol. 327, 1946, p. 304
[58] Affaire Hamdi v. Rumsfeld, Supreme Court of the United States, 03-6696, 28.06.2004
[59] Affaire Rasul v. Bush, Supreme Court of the United States, 03-334, 28.06.2004

En revanche, la Cour suprême ne s'est pas prononcée sur les questions de droits de l'Homme relatives à la détention des prisonniers de Guantanamo. Elle ne leur garantit pas non plus formellement l'accès à un avocat. Elle leur donne seulement la possibilité de faire appel à un juge fédéral mais ne conteste pas la compétence des tribunaux militaires crées par le Military Order pour juger les détenus.

Ceux-ci ont d'ailleurs commencé à fonctionner, Salim Hamdan, le chauffeur yéménite d'Oussama Ben Laden accusé de «complot visant à commettre des crimes de guerre » a en effet comparu en audience préliminaire, le mardi 24 août 2004. Trois autres prisonniers ont comparu dans la même semaine[60] mais leurs procès eux-mêmes ne débuteront pas avant plusieurs mois.

2) L'irrespect des conditions minimales de détention

Des conditions inhumaines et dégradantes

Le transfert et les conditions de détention des détenus ajoutent à la confusion juridique concernant leur statut. Selon l'article 13 de la IIIe Convention, « Les prisonniers de guerre doivent être traités en tout temps avec humanité, [...] être protégés en tout temps, notamment contre tout acte de violence ou d'intimidation, contre les insultes et la curiosité publique ». Les conditions de transfert sont soumises aux mêmes conditions en vertu de l'article 46. Or force est de constater que le traitement des détenus ne répond pas à ces exigences.

---

[60] « Les premiers prisonniers à comparaître », *Le Monde*, 26.08.2004

Les Etats-Unis affirment encore leur obligation de traiter les détenus avec humanité et leur appliquent en principe le Titre II de la IIIe Convention, en tant que ces dispositions ne sont pas reliées à la possession d'un statut militaire par les détenus. Par ailleurs, le CICR est officiellement autorisé à exercer son droit de visite sur la base de Guantanamo. Mais en réalité, ces visites sont « guidées », ne permettant pas au CICR de circuler librement dans l'enceinte de la base, et les conditions effectives de détention ne respectent pas les règles officielles.

La base de Guantanamo est divisée en plusieurs camps[61]. Dans les trois premiers, les conditions de détention sont révoltantes (cellule de 2,5 m², parois et portes en grillages donc aucune intimité, promenade solitaire de 20 minutes par jour, les détenus étant enchaînés le reste du temps...). Le Quatrième camp est réservé aux détenus « coopératifs », ils ont des tenues blanches (le blanc étant le symbole de la pureté dans la religion musulmane, ce détail n'est pas sans importance), des cellules un peu moins étriquées, ils mangent et sortent plusieurs fois par jours et à plusieurs. Ce camp fonctionne sur un mode de récompenses.

Le camp X Ray, dont les images ont fait le tour du monde (détenus déportés à genoux, avec leur tenues orange, cagoulés et menottés...) est aujourd'hui abandonné, mais il n'y a pas de quoi se réjouir puisqu'un autre camp est en construction pour les détenus qui seront définitivement condamnés par les commissions militaires. Celui-ci comprendra une « chambre de la mort » pour les exécutions

---

[61] CONCHIGLIA (Augusta), « Dans le trou noir de Guantanamo », *Le monde diplomatique*, avril 2004, pp. 1, 20 et 23

capitales qui, elles aussi, auront été décidées par les tribunaux militaires.
Enfin, trois mineurs « séjournent » à Guantanamo dans le camp Iguana. Ceux-ci ont entre 13 et 15 ans et sont également considérés comme « ennemis combattants ».

L'article 18 de la IIIe Convention prévoit que les prisonniers de guerre continuent de porter leur uniforme, comme marque de leur dignité militaire. Les Etats-Unis n'octroyant pas aux détenus ce statut de prisonniers militaires, cet article n'est pas respecté et à Guantanamo, les détenus, dépouillés de leurs effets personnels sont revêtus d'une combinaison orange.
L'article 21 leur permet une liberté d'aller et venir dans l'enceinte du camp et limite à des cas exceptionnels l'enfermement tandis que l'article 17 exclut clairement l'interrogatoire des prisonniers de guerre à des fins de renseignement militaire. Mais les détenus sont interrogés fréquemment et le règlement disciplinaire qui leur est appliqué les oblige à répondre, l'objectif affiché de Washington étant d'accorder une place prééminente au renseignement militaire dans la lutte contre le terrorisme international. Dès lors, il paraît évident que l'application du statut de prisonnier de guerre ferait obstacle à cette activité.
La détention à Guantanamo a pour but d'obtenir des renseignements, et les conditions de détention sont dès lors destinées, certes à prévenir toute agression de leur part, mais aussi à les inciter à parler.
Guantanamo n'est pas le seul endroit où les droits des prisonniers sont bafoués, tel est aussi le cas des autres bases américaines et des prisons irakiennes.

Le scandale des tortures d'Abou Ghraib

Au printemps 2004, la révélation des tortures des prisonniers irakiens et la diffusion des images de celles-ci, sont venues renforcer le discrédit de l'administration Bush et ajoutent à l'illégalité de la guerre, des violations manifestes des droits de l'Homme. Nul ne sait réellement ce qui se passe au sein des prisons irakiennes, afghanes ou américaines, mais les conditions de détention et de traitement des prisonniers dans la prison d'Abou Ghraib en Irak sont, semble t-il, loin d'être exceptionnelles, contrairement aux allégations du président américain qui impute ces actes à une minorité de soldats. Dans son allocution hebdomadaire du 8 mai, George W. Bush déclarait : « ce qui s'est passé dans cette prison irakienne n'a été commis que par un petit nombre et ne reflète pas les qualités des quelques 200000 soldats qui ont servi en Irak depuis le début de l'opération « Liberté pour l'Irak » »[62]. Or, selon le CICR, les sévices infligés aux détenus s'inscrivent dans « un vaste schéma, un système ».

Tel a été l'argument étayé dans un rapport confidentiel du CICR adressé aux autorités américaine en février 2004[63].

---

[62] AFP et Reuters, « Tortures en Irak : George W. Bush tente de minimiser les conséquences », *Le Monde*, 08.05.2004 et JARREAU (Patrick), « L'audition de Donald Rumsfeld amplifie le scandale des tortures », *Le Monde*, 08.05.2004

[63] Rapport du Comité international de la Croix Rouge sur le traitement réservé par les forces de la coalition aux prisonniers de guerre et autres personnes protégées par les Conventions de Genève e Irak durant l'arrestation, l'internement et l'interrogatoire. Ce rapport confidentiel a fait l'objet de fuites et le Wall Street Journal en a publié certains extraits dans son édition du 7 mai 2004.

Sans faire de liste exhaustive des tortures, on peut citer à titre d'exemple le fait d'emprisonner les hommes nus et dans le noir, de les obliger à parader en sous-vêtements féminins, de les placer face à des chiens, de les priver de sommeil... Certains ont été victimes d'abus sexuels et même d'attouchements par des femmes soldats... La planète entière a vu circuler dans ses journaux les photos d'Abou Ghraib, cet homme cagoulé, placé sur un tabouret et branché à de multiples fils électriques, la pyramide d'hommes nus avec au sommet la soldate Lynndie England, souriante, elle-même tenant sur une autre photo un homme nu en laisse... La place du sexe et le statut de la femme dans la culture et la religion musulmane ont sans doute accentué l'impact de ces tortures.

Ces tortures et traitements dégradants et humiliants ne sont pas des actes isolés. Les témoignages des soldats mettent en cause une chaîne de personnes qui pourrait atteindre les plus hauts échelons de l'Etat. Cette affaire révèle le côté occulte du gouvernement et de la structure hiérarchique, sans que rien ne puisse réellement sanctionner les responsables. Manipulation et influence des médias, sélection des informations, non-dits, corruption et protection diplomatique, sont autant de suspicions qui pèsent sur cette affaire.
Jusqu'alors, la CIA (agence centrale du renseignement américain) utilisait des « techniques d'interrogatoires avancés » contre des membres présumés d'Al Qaida sous couvert juridique du gouvernement ayant fait adopter par le ministère de la justice un mémorandum en date 1er août

2002[64]. Celui-ci prévoit que les interrogatoires des détenus capturés dans le cadre de la guerre contre le terrorisme peuvent être menés à l'aide de « techniques avancées ». Ces dernières consistent notamment à faire pression sur les détenus, les faire suffoquer, ne pas leur donner de médicaments en cas de douleurs, leur infliger des bombardements sonores et lumineux, les priver de sommeil...

En effet, le mémorandum considère que les lois fédérales interdisant la torture ne s'appliquent pas « à la détention et aux interrogatoires des ennemis combattants » et que le président peut autoriser le recours à des méthodes « coercitives » sans violer les traités internationaux et la législation américaine. Enfin, ces méthodes ne sont pas considérées comme des tortures si elles ne provoquent pas « une douleur d'une intensité équivalente à une blessure physique sérieuse ». Ce texte, occultant complètement le côté psychologique des tortures, a été désavoué par la Maison Blanche suite au scandale d'Abou Ghraib, celle-ci condamnant fermement la torture et rappelant que les détenus doivent être traités avec humanité.

Le ministère de la défense américain a ouvert cinq enquêtes sur les traitements des prisonniers en Irak. Le général Ricardo Sanchez, commandant en chef des forces américaines en Irak a pris des sanctions disciplinaires contre 7 officiers et sous officiers accusés d'avoir été des tortionnaires. Ces mesures disciplinaires sont indépendantes des procédures judiciaires engagées contre six militaires. Mais certains des soldats ont

---

[64] LESER (Eric), « La CIA suspend l'utilisation des méthodes d'interrogatoire assimilables à la torture », *Le Monde*, Washington, 2.06.2004

mis en cause leur supérieurs hiérarchiques qui les auraient félicités voire encouragés. Tel a ainsi été dénoncé le personnel du renseignement militaire (MI) ou de la division d'enquêtes criminelles (CID) de la police militaire.[65] Face à l'ampleur des évènements, Donald Rumsfeld, a eu à répondre de ces accusations devant deux commissions du Parlement américain. Il a alors présenté ses profondes excuses et a évoqué d'autres photos ainsi que des vidéos des sévices infligés aux prisonniers, mais s'est refusé à démissionner comme le réclament les démocrates et une partie de la presse. « Si je sentais que je ne pouvais plus agir, je démissionnerais dans la minute [...] Je ne démissionnerais pas, simplement parce que des gens essaient d'en faire une question politique ». Ce dernier bénéficie d'ailleurs du soutien de George W. Bush.

Le non respect du droit international et notamment du droit des conflits armés est incriminé au niveau international.

B. L'incrimination en droit international

Par ses violations répétées du droit international humanitaire et plus généralement des règles fondamentales du droit international, la coalition américano-britannique s'est rendue coupable de crimes internationaux.

---

[65] JARREAU (Patrick), « Nous avons eu une très bonne note pour notre façon de les faire craquer », *Le Monde*, Washington, 04.05.2004

1) La condamnation des violations répétées du droit international

La multiplicité des exactions de la coalition

Il appartiendra à des commissions internationales d'enquête de déterminer la véracité des exactions américaines et de les incriminer en droit international. Néanmoins, sans prétendre établir une liste exhaustive, l'on peut d'ores et déjà dresser un bilan négatif quant au respect des règles du droit des conflits armés dans le cadre de cette guerre contre le terrorisme lancée à l'initiative de l'administration Bush.
D'une part les forces occupantes ont bombardé sans discrimination plusieurs villes (le marché de Bagdad le 26 mars, Al Hilla le 1er avril 2003 où selon le CICR, toutes les victimes sont civiles, le quartier résidentiel Al-Mansour à Bagdad le 7 avril...)[66] et ont perpétré des attaques contre des biens civils (bombardement de la télévision, d'écoles, de lieux de cultes...), en violation du principe de distinction, pierre angulaire du droit international humanitaire, selon lequel les parties au conflit doivent en toutes circonstances faire la différence entre les objectifs militaires et les biens et personnes civiles. Ces actions ont causé une grave crise humanitaire pour les civils, plusieurs villes dont Bassora ont été privées d'eau courante ou d'électricité. D'autre part, il ne doit pas être fait usage de moyens d'attaques disproportionnés ou sans discrimination en vertu de l'article 51 du Protocole I de 1977.

---

[66] Cf. le rapport d'Amnesty International, « Irak, les civils pris sous le feu », MDE 14/071/2003, avril 2003

(Cf. la méthode de la « colonne infernale »[67] employée par les blindés américains dans plusieurs villes, la méthode « search and kill », (chercher pour tuer)).

Ces méthodes s'inscrivent directement dans la stratégie militaire de l'armée américaine appelée « Shock and Awe » (le choc et la crainte)[68]. Selon le Center for constitutional rights, cette stratégie avait prévu dès le départ le lancement de 3000 bombes guidées dans les premières 48 heures de la bataille de Bagdad (ce qui constituait déjà une violation du principe de proportionnalité)[69].

Les Etats-Unis ont également fait usage d'armes interdites telles que l'usage de bombes à fragmentation, d'uranium appauvri.

Retenons enfin, qu'il a été porté atteinte au travail des organisations humanitaires contrairement aux prescriptions des articles 63, 142 et 143 de la IVe Convention de Genève,

---

[67] Selon Yves Debay, correspondant de guerre du magazine *Raids*. « Les Américains font des colonnes de quarante à cinquante blindés. (...). Ils roulent avec deux chars de front, occupant toute la largeur de la route. Ils tirent sur tout ce qui bouge, sur tout ce qui est suspect. C'est "Feu à volonté !" ». OURDAN (Rémy), « L'armée américaine prend d'assaut le centre de Bagdad », *Le Monde*, 8 avril 2003

[68] La stratégie du "choc et de la crainte" est une stratégie d'effets visant à choquer et effrayer l'ennemi pour provoquer sa reddition rapide. L'objectif est que face à cette stratégie, l'adversaire réalise qu'il n'a pas d'autre choix que de combattre et mourir ou de se rendre. Cependant, cette stratégie n'a pas eu les effets escomptés dans le cadre du conflit irakien et elle a du « laisser la place à un déroulement plus classique des opérations (...), avec le destruction progressive des forces adverses. ». GUISNEL (Jean), « Les limites d'une stratégie », *Le Point*, 11 avril 2004

[69] Cf. www.ccr-ny.org/v2:newsroom/releases/pReleases.asp?

ainsi qu'au travail des médias (bombardement de l'hôtel Palestine par exemple).

Déjà concernant l'intervention en Afghanistan, un rapport de l'organisation Human Rights Watch[70], dénonçait de manière vigoureuse le comportement des troupes américaines. Celles-ci auraient recouru à une utilisation excessive de la force au cours des arrestations (tirs répressifs, destructions de maisons...), lesquelles étaient pour la plupart arbitraires et injustifiées. En effet, certains civils n'ayant pas pris part aux hostilités ont été arrêtés, dès lors qu'ils étaient considérés comme en âge de combattre et se trouvaient en fait au mauvais endroit au mauvais moment.
Il ne s'agit évidemment pas de minimiser l'ampleur des attentats du 11 septembre 2001 qui ont également fait de nombreuses victimes civiles, ni même de prétendre que le réseau Al Qaida agit dans le cadre de la légalité internationale. Au contraire, ce dernier est complètement en rupture avec le schéma classique de guerre, prévu par les textes internationaux et va au-delà de tous manquements relatifs au jus in bello. Cependant, l'objet de cette étude est précisément de montrer comment les Etats-Unis et la Grande Bretagne sont en infraction au regard du droit international public.

---

[70] Human Rights Watch, *Rapport mondial 2002*, www.hrw.org/french/reports/w2k2/intro-fr.pdf

La condamnation de la torture

La communauté internationale a adopté de nombreux mécanismes tendant à prohiber et à lutter contre la torture. Ainsi selon l'article 5 de la Déclaration universelle des droits de l'homme, « nul ne sera soumis à la torture, ni à des peines ou traitements cruels, inhumains ou dégradants ». La prohibition de la torture est prévue par le Pacte international pour les droits civils et politiques de 1966 mais il faut attendre la Déclaration sur la protection de toutes les personnes contre la torture et autres peines ou traitements cruels, inhumains ou dégradants de 1975 pour qu'un texte universel soit consacré à la torture et en fournisse une définition juridique. Enfin, le 10 décembre 1984, l'Assemblée générale des Nations unies adopta la Convention des Nations unies contre la torture et autres peines ou traitements cruels, inhumains ou dégradants, qui retient cinq composantes de la torture : une souffrance aiguë, physique ou morale, commise directement ou indirectement par un agent public, dans un but précis (obtention d'information, intimidation...) et ne s'entendant pas des souffrances résultant de sanctions légitimes. Avant cette convention, la qualification de violation flagrante des droits de l'homme ne constituait pas une infraction pénale sauf si elle se révélait massive, auquel cas elle se trouvait incriminée en tant que crime contre l'humanité.

La Convention prévoit qu'un Etat peut exercer sa juridiction dans trois situations : quand l'infraction est commise sur son territoire et quand l'auteur présumé ou la victime est ressortissant du pays. En outre, elle prévoit le principe de juridiction universelle, beaucoup plus novateur, surtout en matière de protection des droits de l'Homme dans son article 5-2 qui fait obligation aux Etats d'établir leur compétence « dans le cas où l'auteur présumé [...] se trouve sur tout territoire sous sa juridiction ». Ce mécanisme vise à permettre qu'un auteur présumé d'actes de torture qui ne serait pas poursuivi dans son propre pays pour diverses raisons, puisse être jugé dans un autre pays.

Parallèlement, les organisations régionales adoptèrent des normes prohibitives (article 3 de la Convention Européenne des Droits de l'Homme, article 5 de la Convention interaméricaine des droits de l'Homme et articles 4 et 5 de la Charte africaine des droits de l'Homme et des peuples.).
Les Conventions de Genève de 1949 constituent encore aujourd'hui le fondement de l'incrimination de la torture en tant que crime de guerre. Les articles 50 de la Ière convention, 51 de la seconde, 130 de la troisième et 147 de la quatrième, classent la torture ou les traitements inhumains parmi les infractions graves du DIH. L'article 3 commun à l'ensemble des conventions ainsi que les articles 75-2-a-ii du Protocole I et 4-2-a du Protocole II de 1997 « prohibent en tout temps et en tout lieu » les tortures et/ou les traitements cruels. Désormais, le statut de la Cour Pénale Internationale incrimine également la torture en tant que crime de guerre à l'article 8-2.
Ainsi si la responsabilité des supérieurs hiérarchiques des forces armées américaines et britanniques n'est pas prouvée, certains soldats se sont néanmoins rendus coupables de crimes internationaux.

2) La culpabilité de crimes internationaux

La plupart des exactions et des violations de la coalition sont constitutives de crimes de guerre qui ont été progressivement incriminés en droit international. En outre les Etats-Unis se sont rendus coupables du crime d'agression.

Le crime d'agression

L'agression, définie par la Résolution 3314 de 1974, fait partie de ces violations particulièrement graves d'engagements internationaux qui sont désormais reconnues comme des crimes, lorsqu'elle sont commises non seulement par des individus, mais encore par des Etats. Selon le préambule de cette résolution, l'agression est « la forme la plus grave et la plus dangereuse de l'emploi illicite de la force ».

La Commission du Droit International (CDI) a travaillé sur la définition de l'agression dans le Code des crimes contre la paix et la sécurité de l'humanité[71], reprenant largement la définition du statut de Nuremberg. En réalité, seule la participation de l'individu à ce crime d'Etat est incriminée et définie, l'appréciation du crime d'agression revenant au Conseil de sécurité. En effet, la Résolution 3314 est une simple recommandation qui a vocation à faciliter l'évaluation par le Conseil de sécurité d'une situation menaçant la paix et la sécurité internationales. Sur le modèle du Statut du Tribunal Militaire International de Nuremberg, le crime d'agression se compose de quatre éléments : le fait matériel

---
[71] Rapport de la CDI, 48ᵉ session, doc.off., A/51/10, p.103

de participer à l'agression, le fait que cette participation ait été intentionnelle, exécutée en connaissance de cause et dans le cadre d'un plan ou d'une politique d'agression.

Mais si le principe d'une responsabilité pénale individuelle pour crime international est acquis, son pendant étatique n'a toujours pas abouti. Selon la CDI, le crime d'agression est doté d'un système de sanction défini, mais qui relève plus d'une fonction de police que de répression. Il est en fait plus aisé pour le Conseil de sécurité de constater une rupture de la paix que de qualifier une situation d'acte d'agression. En effet, la coloration pénale du concept d'agression rend son usage difficile par un organe qui prend avant tout des décisions politiques. Par ailleurs, si l'agression a été insérée parmi les crimes internationaux relevant de la compétence de la CPI, cette compétence est loin d'être effective. En effet, le crime d'agression, incorporé au statut sous forme d'amendement, n'entrera en vigueur qu'à l'égard des Etats l'ayant ratifié.

Si l'emploi de la force contre l'Irak par la coalition américano-britannique constitue sans conteste un crime d'agression du point de vue juridique, ne se justifiant ni au regard du droit de légitime défense, ni au regard d'une guerre préventive, ni même au regard de la Résolution 1441 du Conseil de sécurité, l'incrimination semble impossible. En effet, l'ONU n'a pas qualifié cette offensive d'agression et nous verrons que les Etats-Unis restent en dehors du champ d'action de la CPI. Par contre, en violant les Conventions de Genève et les règles coutumières du droit des conflits armés, les Etats-Unis et la Grande Bretagne ont commis des crimes de guerre dont ils pourraient avoir à répondre.

L'incrimination progressive des crimes de guerre

L'incrimination des violations des lois et coutumes de la guerre apparaît dans le Code de Lieber de 1863 : « Instruction pour le comportement des armées des Etats-Unis en campagne »[72], promulgué par le Président Lincoln. Il sera par la suite repris par de nombreux textes visant la répression internationale des violations du droit de la guerre. On peut désormais définir les crimes de guerre comme étant des violations des règles du jus in bello, qui entraînent, selon le droit international, la responsabilité pénale des individus qui les commettent. Ces crimes sont imprescriptibles et sont assujettis au principe de la compétence universelle dans les rapports interétatiques, en ce sens que tout Etat est compétent pour poursuivre et juger les personnes accusées d'avoir commis un tel crime, sans facteur de rattachement (lieu du crime, nationalité de l'auteur ou des victimes...) à part leur présence sur le territoire.[73]

---

[72] Traduction française in SCHINDLER (D.) et TOMAN (J.), *Droits des conflits armés*, Genève, CICR, 1996, p.3

[73] Pour exemple, la Cour de cassation française n'envisage la compétence des juridictions françaises que dans la mesure où l'auteur présumé se trouve sur son territoire (Affaire Wenceslas, Cass., crim., 06.01.98), mais la question n'est pas tranchée dans l'hypothèse d'auteurs présumés qui ne se trouveraient pas sur son territoire. Toutefois, l'affaire du Général Pinochet constitue en la matière une avancée majeure, qu'on peut espérer être un précédent. En effet, pour la première fois, un gouvernement (la Grande Bretagne) a procédé à l'arrestation d'un auteur présumé d'actes de torture qui se trouvait sur son territoire, en application d'une instruction poursuivie par un autre pays (l'Espagne) pour des actes commis à l'encontre de ressortissants espagnols mais aussi argentins et chiliens. En l'espèce, la justice française s'est reconnue compétente pour

Si jusqu'à l'adoption des protocoles additionnels aux Conventions de Genève en 1977, ne pouvaient être constitutifs de crimes de guerre que des faits commis à l'occasion d'un conflit armé international, aujourd'hui, de nombreux faits commis à l'occasion de conflits armés non internationaux sont érigés en crime de guerre. Cette extension est due pour une part à la doctrine, notamment à la Commission du Droit International dans les versions successives de son projet de code des crimes contre la paix et la sécurité de l'humanité et d'autre part, à la pratique, notamment à l'occasion du conflit Yougoslave puis du conflit Rwandais, avec la mise en place des tribunaux pénaux internationaux ad hoc (TPIY et TPIR)[74].

Cette évolution rapide a été consacrée par le statut de la Cour Pénale Internationale le 17 juillet 1998. Celui-ci pose certaines règles en cas de conflit armé : seules les personnes physiques peuvent être accusées de crime de guerre ; le crime commis par un subordonné n'exonère pas les supérieurs hiérarchiques de leur responsabilité ; ne sont prises en compte que les violations graves du droit des conflits armés, les Etats restant toujours libres d'incriminer dans leur droit interne des crimes de guerre. Ainsi sont considérés comme des violations graves (article 8 du Statut de Rome du 17 juillet 1998) : le meurtre, la torture, les mauvais traitements, les expériences biologiques et médicales sur des prisonniers, les prises

---

juger d'actes de tortures commis par le Général Pinochet, alors même que ce dernier ne se trouvait pas sur son territoire.

[74] L'incrimination de faits commis lors de conflits armés non internationaux est explicite dans le statut du TPIR alors qu'elle était jurisprudentielle dans le cadre du TPIY (arrêt Tadic du 02.10.1995).

d'otage, les déportations de population civile ou encore l'utilisation de certaines armes.

La guerre contre le terrorisme lancée officiellement par Etats-Unis à la suite des attentats du 11 septembre 2001 suffit à démontrer à quel point les Etats-Unis sont en marge du droit international. Cette tendance à l'unilatéralisme n'est pas nouvelle, nous l'avons vu, mais elle a connu un nouvel essor dans le cadre de cette guerre. Rapidement, Washington s'est détaché de tout formalisme juridique, tantôt en interprétant de manière extensive la Charte des Nations Unies, tantôt en violant directement les règles régissant les relations interétatiques, notamment en période de conflits armés.
Dès lors, la question de la survie de l'ONU se pose. Le droit international, mis à mal par les Etats-Unis a-t-il un avenir ? Les règles internes américaines vont-elles prendre le pas sur l'ordre juridique mondial et s'imposer à l'ensemble de la communauté internationale ?
Si les perspectives d'avenir du droit international semblent minces en l'état actuel des institutions et des règles internationale, il semble néanmoins que l'existence d'un ordre juridique supérieur soit nécessaire pour assurer un équilibre au sein de la communauté internationale.

DEUXIEME PARTIE
Les perspectives d'avenir du droit international

CHAPITRE I

Les lacunes du droit international

Si les Etats-Unis ont agi, de manière unilatérale, reléguant le droit international à un rôle supplétif dans la guerre contre le terrorisme, c'est précisément car ce dernier s'avère incomplet dans ses dispositions relatives au terrorisme et que, par ailleurs, la mise en application des dispositions existantes est inefficace. Néanmoins, s'il n'existe pas de véritable droit international du terrorisme, il existe des règles qui viennent encadrer l'action des Etats et prévoient leur responsabilité en cas de manquements. Mais le droit international ne dispose pas de moyens contraignants pour faire respecter ces dispositions et sanctionner les Etats en infraction par rapport à la législation internationale.

I. L'absence d'un droit international du terrorisme

L'usage courant du terme « terrorisme », du latin *terror*, s'impose avec le régime de la Terreur institué en France par Robespierre en 1793. La communauté internationale, quant à elle ne se préoccupe du terrorisme qu'à partir du XIXe siècle, lorsque le phénomène prendra une dimension internationale, les technologies modernes lui donnant une dimension nouvelle et redoutable. Dès lors le terrorisme apparaît comme un « attentat à la civilisation », un « danger international » menaçant la sécurité et les intérêts fondamentaux des Etats et plus largement leurs relations pacifiques. Mais la prolifération des définitions du terrorisme dès le XIXe siècle, multipliant les confusions et les discordances, s'est soldée par des échecs (définitions lacunaires, non efficientes...). Face à ces difficultés, la question de savoir si une définition était nécessaire pour l'élaboration d'un droit international du terrorisme, s'est rapidement posée. En tout état de cause, cette élaboration est restée lacunaire et théorique, tant du fait de l'impossibilité d'établir une définition générale, que sous l'action des souverainetés nationales qui cherchent à s'exercer au détriment d'une action collective de la communauté internationale.

A. Une impossible définition du terrorisme international

Les difficultés pour élaborer une définition générale du terrorisme international, tenant principalement à la diversité de ce phénomène, ont conduit les instances internationales à incriminer certains actes terroristes particuliers.

1) La diversité du phénomène terroriste

Evolution et confusion avec certaines notions

Le caractère international du terrorisme, s'il se définit généralement par une atteinte à la paix et à la sécurité internationales, fait le plus souvent l'objet d'un simple ajout d'un élément d'extranéité à la définition du terrorisme adoptée par les droits nationaux.

La difficulté de définir le terrorisme est due au caractère protéiforme de l'action terroriste et à sa proximité avec d'autres notions telles que la guerre, la guérilla, les mouvements de libération nationaux. En effet, comment distinguer le terrorisme, qui a pour auteur un individu ou un groupe d'individus, de la guérilla ? Dans les deux cas peuvent être utilisés la violence, la terreur au nom d'un objectif politique.

Dans l'hypothèse de mouvements de libération, au regard du principe fondamental du droit des peuples à l'autodétermination, les actes des mutins, qualifiés d'actes terroristes, peuvent bénéficier d'une requalification en acte d'autodétermination après le renversement d'un régime. Dans ce sens, comme le constate L'Union Inter-Parlementaire (UIP)[75], « [...] la lutte pour la libération nationale et l'indépendance en cas d'occupation étrangère est un droit légitime consacré par des résolutions internationales et cet objectif ne constitue pas en soi un acte de terrorisme. La conférence souligne toutefois qu'aucune lutte ne peut justifier des attentats aveugles, notamment contre des civils innocents ou toute forme de terrorisme d'Etat organisé ».

De même, en cas de conflit armé, qualifier d'actes de terrorisme des actes délibérés de violence perpétrés contre des civils ou des biens civils, n'aurait aucune valeur juridique dès lors que ceux-ci constituent déjà des crimes de guerre. Ainsi la confusion peut s'opérer avec des concepts aussi divers que le droit des peuples à disposer d'eux-mêmes ou la non ingérence dans les affaires intérieures d'un Etat.

---

[75] UIP, paragraphe 24 du document final de la deuxième conférence interparlementaire sur la sécurité et la coopération en méditerranée, repris dans la note du Secrétaire général de l'ONU pour la Commission des droits de l'homme du Conseil économique et social : « *Droits de l'homme et terrorisme* » du 24 décembre 1997.

D'autre part, faut-il inclure dans le terrorisme, le terrorisme d'Etat, c'est-à-dire le fait pour un Etat d'utiliser la terreur et la violence contre ses ressortissants ou ceux d'un Etat tiers ?

Toutes ces distinctions sont subtiles et sont le plus souvent l'objet d'une opposition entre les pays occidentaux et les pays du Tiers-Monde. Si tout le monde s'accorde pour définir le terrorisme comme un moyen violent de promouvoir une cause politique, et pour le condamner sur le plan éthique car il s'en prend le plus souvent à des civils innocents et à leurs biens, l'infinie variété des terrorismes et de leurs racines politiques, constitue depuis l'origine un obstacle majeur à son appréhension à une définition généralement acceptée.

Aussi, si pendant longtemps les Etats occidentaux ne voulaient y voir qu'un phénomène criminel lié à un acte individuel, les Etats du Tiers-monde, considéraient que le terrorisme condamnable était avant tout le terrorisme d'Etat à travers la colonisation ou l'occupation.

Critères communs de définition

Il existe donc plus d'une centaine de définitions différentes du terrorisme, mais celles ci ont en commun certains éléments. Il apparaît que les principales composantes du terrorisme résident dans l'usage de la violence, dans les objectifs politiques, et dans la terreur (intention de semer la peur dans une population). En créant la terreur, le terroriste recherche un moyen de faire pression sur un gouvernement pour qu'il ait une attitude plus favorable à ses revendications. Mais, en dépit de la Résolution 40/61 de l'Assemblée générale des Nations Unies de 1985 qui condamne tous les « actes, méthodes et pratiques de terrorisme, où qu'ils se produisent et quels qu'en soient les auteurs », ces critères reflètent davantage une conception occidentale du terrorisme et ne font pas l'unanimité. En effet, les divergences de perceptions du terrorisme demeurent, faisant obstacle à l'élaboration d'une définition précise du terrorisme international.

Or sans définition précise, il est impossible d'établir l'infraction terroriste. En effet, « la définition d'un crime est d'interprétation stricte et ne peut être étendue par analogie »[76]. Pourtant, la communauté internationale continue d'élaborer des conventions pour lutter contre ce phénomène en contournant le problème de la définition. Ainsi, si le terrorisme ne peut être appréhendé comme une infraction autonome, faute de définition, les conventions passent par des infractions déjà existantes ou plus facilement incriminables pour traiter de la question.

2) L'incrimination ponctuelle au niveau international de certains actes particuliers de terrorisme

L'approche sectorielle des conventions internationales

Dès l'entre deux guerres, la communauté internationale a tenté de prévenir et de réprimer le terrorisme international. A cette fin, la Société des Nations (SDN) a élaboré deux conventions le 16 novembre 1937, mais celles-ci n'entreront jamais en vigueur. En 1945, dans le

---

[76] Article 22§2 du statut de la Cour Pénale Internationale du 17 juillet 1998

prolongement de la SDN, les Nations Unies constitueront le cadre essentiel de la lutte contre le terrorisme international, et à chaque poussée de terrorisme, la communauté internationale répondra par l'adoption de conventions internationales. L'Assemblée générale, principalement entre 1972 et 1998, malgré les divergences d'opinions entre les différents Etats membres, jouera un rôle de pionnier. C'est ainsi que sous les hospices des Nations Unies seront adoptées cinq conventions internationales sur les crimes associés au terrorisme : la Convention sur la prévention et la répression des infractions contre les personnes jouissant d'une protection internationale, y compris les agents diplomatiques du 14 décembre 1973 (entrée en vigueur en 1977), la Convention internationale contre la prise d'otage du 17 décembre 1979 (entrée en vigueur en 1983), la Convention internationale sur la sécurité du personnel des Nations Unies et du personnel associé du 9 décembre 1994 (toujours pas en vigueur), la Convention internationale pour la répression des attentats terroristes à l'explosif du 15 décembre 1997 et la Convention internationale pour la répression du phénomène terroriste du 9 décembre 1999 (qui entrera en vigueur dès que 22 Etats l'auront ratifié).

Par ailleurs, huit autres conventions ont été élaborées en dehors du cadre des Nations Unies, selon une approche sectorielle. D'une part dans le cadre de l'Organisation de l'Aviation Civile Internationale (OACI): la Convention de Tokyo relative aux infractions et à certains autres actes survenant à bord des aéronefs du 14 septembre 1963, elle sera complétée par les Conventions de La Haye du 16 décembre1970, relative à la « répression et la capture illicite d'aéronefs » et de Montréal du 23 septembre 1971 concernant la répression d'actes illicites dirigés contre la sécurité de l'aviation civile, accompagnée de son Protocole du 24 février 1988 pour la répression des actes illicites de violence dans les aéroports servant à l'aviation civile internationale et enfin, la Convention sur le marquage des explosifs plastiques aux fins de détection du 1er mars 1991. D'autre part au niveau maritime, dans le cadre de l'Organisation Maritime Internationale (OMI) ont été adoptés à Rome le 10 mars 1988, la Convention pour la répression d'actes illicites dirigés contre la sécurité de la navigation maritime et le Protocole pour la répression d'actes illicites contre la sécurité des plates-formes fixes situées sur le plateau continental. Enfin dans le cadre de l'Agence Internationale de l'Energie Atomique (AIEA) a été adoptée la Convention de Vienne le 3 mars 1980 sur la protection physique des matières nucléaires.

Le droit international humanitaire, par le biais des Conventions de Genève et des deux Protocoles additionnels de 1977, interdit les mesures de terrorisme et les actes de terrorisme. En effet, l'article 33 de la IVe Convention prévoit que « [...] les peines collectives, de même que toute mesure d'intimidation ou de terrorisme sont interdites », tandis que l'article 4 du Protocole II interdit les « actes de terrorisme » contre les personnes qui ne participent pas ou plus aux hostilités. Dans son article 13, commun à l'article 51 du Protocole I, il interdit également les actes visant à semer la terreur parmi la population civile : « Ni la population civile en tant que telle ni les personnes civiles ne devront être l'objet d'attaques. Sont interdits les actes ou menaces de violence dont le but principal est de répandre la terreur parmi la population civile ».

L'incrimination d'actes de terrorisme au niveau régional

La lutte contre le terrorisme s'est également inscrite dans le cadre régional. Les conventions régionales sont au nombre de sept : la Convention de l'Organisation des Etats Américains (OEA) du 2 février 1971 pour la prévention et la répression des actes de terrorisme prenant la forme de crimes contre des personnes ou d'actes d'extorsion connexes qui ont une portée internationale, la Convention européenne pour la répression du terrorisme, conclue à Strasbourg le 27 janvier 1977, la convention de l'Association Sud-Asiatique de Coopération Régionale (ASACR) signée à Katmandou le 4 novembre 1987, la Convention arabe du 22 avril 1998, le Traité de coopération à la lutte contre le terrorisme entre Etats membres de la Communauté des Etats Indépendants (CEI), signée à Minsk le 4 juin 1999, la Convention de l'Organisation de la Conférence Islamique (OCI) du 1er juillet 1999 et la Convention de l'Organisation de l'Unité Africaine (OUA) du 14 juillet 1999, ces deux dernières n'étant toujours pas en vigueur.

Au niveau européen, le Traité d'Amsterdam de 1999 dans le cadre du troisième pilier (Justice et Affaires intérieures), présente le terrorisme comme une des formes de criminalité les plus graves auxquelles l'Union doit faire face dans le cadre de la création d'un espace de sécurité, de liberté et de justice. Le Conseil Européen de Tampere de 1999 était entièrement consacré à cette thématique, mais les évènements du 11 septembre 2001 et plus encore les attentats de Madrid du 11 mars 2004 ont donné l'impulsion à une véritable institutionnalisation de la répression des actes terroristes, en renforçant notamment la coopération policière et judiciaire dans le cadre d'Europol et d'Eurojust. La décision cadre du 13 juin 2002 a permis l'adoption d'une définition unique du terrorisme au niveau européen ainsi que l'établissement de seuil de sanctions pour ces infractions.

Toutes ces conventions ont évidemment le même objectif à savoir la lutte contre le terrorisme international et son élimination, mais elles ont également pour but d'inciter la communauté internationale à se préoccuper de ce fléau, à prendre des mesures efficaces de prévention et à mettre en place des mécanismes juridiques internationaux d'entraide entre Etats.

B. La construction d'un droit international du terrorisme freinée par des considérations de souveraineté nationale

Seule la coopération entre les Etats permet de lutter efficacement contre le terrorisme international. Cette coopération doit revêtir plusieurs formes, elle doit être juridique, policière et politique. Mais elle est souvent ralentie par l'exercice des souverainetés nationales.

1) La procédure internationale réduite à la coopération entre Etats

Manque de cohérence dans le régime juridique et la répression du terrorisme

Un des problèmes majeurs pour la répression des actes terroristes, tient au fait que les différentes conventions ne mettent pas en place des systèmes uniformes de répression, bien qu'elles convergent sur un certain nombre de mesures (obligation pour les Etats d'incriminer les actes terroristes, obligation d'en juger ou d'en extrader les auteurs, renforcement de la coopération internationale…).

Il existe un antagonisme entre les perceptions occidentales et celles du Sud concernant la façon de traiter le phénomène terroriste. De façon schématique, l'occident prône la lutte par la répression, tandis que les pays du Sud, notamment du Tiers-monde, souhaitent axer la lutte autour de l'anéantissement des causes (misère, frustrations, désespoir, et toutes les raisons qui poussent des personnes à sacrifier des vies humaines, y compris la leur, pour tenter d'apporter des changements radicaux).

En réaction aux attentats du 11 septembre 2001, le Conseil de sécurité a adopté la Résolution 1373, qui imposait pour la première fois et de façon générale, un programme quasi-législatif de lutte contre le terrorisme à la charge des Etats, et condamnait fermement tout soutien étatique à des actes ou des groupes terroristes. Cette résolution, si elle a largement contribué à endiguer des actes terroristes et à limiter la menace, a également eu des effets pervers. Ainsi, par crainte

d'être stigmatisés par la Communauté internationale, certains Etats n'ont pas fournit au Conseil les renseignements sur les éventuels mouvements terroristes sur leur sol.
Enfin l'application de sanctions pénales prévue par les conventions relève exclusivement de l'ordre interne. Ainsi donc, si la norme de conduite est prévue par le droit international, la norme de répression elle, est établie par le droit national, ce qui n'est pas sans accentuer les incohérences concernant la répression du terrorisme international, chaque Etat faisant prévaloir son droit pénal interne.

La nécessité d'une coopération interétatique

A défaut de véritables mécanismes de sanction internationaux, la communauté internationale s'est accordée sur un minimum de coopération en la matière pour permettre la répression par les droits nationaux des actes de terrorisme et dans ce cadre, l'ONU joue un rôle coordinateur. Le but d'une telle coopération est d'éviter l'organisation, l'encouragement, le financement ou encore la tolérance d'activités terroristes à partir d'un territoire contre d'autres Etats. Mais celle-ci connaît certaines limites car les terroristes eux-mêmes savent en tirer parti. En effet, ils mettent également en commun leurs ressources au sein de diverses organisations terroristes, s'entraînent ensemble et échangent des informations entre groupes.
Malgré tout, cette coopération apparaît comme le corollaire indispensable à la lutte contre le terrorisme et peut revêtir plusieurs formes.

En premier lieu il doit s'agir d'un échange d'informations que les Etats seraient susceptibles de posséder concernant les terroristes, les organisations, les groupes finançant de tels réseaux. Mais la coopération doit également porter sur le transfert de technologie, de matériel ou de moyens connexes. L'échange d'informations permet en outre aux pays en développement de ne pas se sentir à l'écart de la lutte internationale contre le terrorisme du fait des moindres moyens dont ils disposent.
D'autre part, la coopération est judiciaire, elle passe par la définition de procédure d'entraide judiciaire afin de faciliter les enquêtes, par une collaboration des forces de police des différents Etats et par une coopération administrative pour faciliter la circulation et la création de documents nécessaires au bon déroulement de l'enquête judiciaire. En effet, l'existence de frontières permet aux auteurs d'actes terroristes d'échapper aux poursuites, et l'absence de frontières leur est encore plus profitable à moins que ne s'organise une collaboration étatique à leur encontre. Ainsi au niveau mondial, l'OTAN et INTERPOL, deux instances ayant une vocation générale de sécurité, se sont vus attribuer un rôle dans le cadre de l'échange de renseignements. En 1984, Interpol a fait savoir qu'elle participerait à la collaboration en matière de répression du terrorisme alors même que ce dernier n'était pas inclus dans le champ des infractions pour lesquelles elle était compétente. La coopération judiciaire s'entend également de la mise en place d'accords d'extradition des suspects ou auteurs reconnus d'actes de terrorisme. Pour que l'extradition puisse avoir lieu, il faut que l'incrimination existe tant dans l'Etat requis que dans l'Etat requérant, et que l'infraction ou la motivation de l'Etat

requérant ne soit pas d'ordre politique, car dans ce dernier cas, l'Etat requis peut refuser d'extrader. Les conventions contre le terrorisme ont néanmoins tenté de pallier cette double difficulté, d'une part en obligeant les Etats parties à intégrer dans leur législation nationale des infractions définies en termes identiques et d'autre part en énumérant les infractions ne pouvant être qualifiées de politiques. Mais certaines contradictions subsistent et il existe des cas où l'extradition n'est pas possible, notamment lorsque l'Etat requis a de sérieuses raisons de croire que la demande d'extradition « a été présentée aux fins de poursuivre ou de punir une personne pour des conditions de race, de religion, de nationalité ou d'opinions politiques »[77].

2) Primauté du droit interne en cas d'atteinte à la souveraineté nationale

La répression nationale du terrorisme international

Au regard de la fragilité d'une acception internationale du terrorisme, les infractions terroristes peuvent être assimilées à des infractions politiques portant atteinte à la sûreté de l'Etat face auxquelles les autorités préfèrent la souplesse d'un système qu'ils contrôlent. En effet, l'ambiguïté de la définition des infractions terroristes a conduit les Etats à un véritable repli sur leurs systèmes juridiques internes. Alors même que plusieurs pays

---

[77] Article 5 de la Convention de Strasbourg du 27 janvier 1977 du Conseil de l'Europe, et ce même si l'infraction en question ne peut être qualifiée de politique au terme de l'article 1 : « pour les besoins de l'extraditions […] aucune des infractions mentionnées ci après ne sera considérée comme une infraction politique ».

reconnaissent un dol spécial de terrorisme qui est une circonstance aggravante, les conventions internationales n'ont pas réussi à construire un régime juridique cohérent. La diversité des outils et surtout le manque de moyens des structures internationales ont poussé les Etats à choisir la répression nationale. La législation nationale applicable est généralement celle du lieu de l'attentat (lex loci).

Cette tendance s'explique aussi par le fait qu'aucune juridiction internationale n'est compétente pour juger les « infractions terroristes », pas même la Cour pénale Internationale.

La souveraineté des Etats est donc un frein à la construction d'une procédure internationale pertinente. L'ONU a donc largement invité les Etats à incriminer dans leur législation interne les différents actes de terrorisme dans les mêmes termes.

Toutefois, dans ce cadre, la répression des actes terroristes ne peut être efficace que si en amont ou concomitamment à la procédure pénale nationale, il existe des possibilités de collaboration avec des Etats tiers en matière de prévention et de répression, ce qui témoigne une nouvelle fois de l'importance de la coopération entre Etats.

L'émergence du principe de compétence universelle en matière de lutte contre le terrorisme

L'ONU à travers ses différentes conventions a tenté de développer l'extradition afin que celle-ci devienne la règle en matière de terrorisme, mais face à la réalité des particularismes étatiques, celle-ci n'a pas toujours été possible. Dès lors, la Convention de La Haye de 1970 prévoit dans son article 7 que « l'Etat contractant sur le territoire duquel l'auteur présumé de l'infraction est découvert, s'il n'extrade pas ce dernier soumet l'affaire [...] à ses autorités compétentes pour l'exercice de l'action pénale. ». Ainsi, afin de permettre aux autorités nationales d'exercer une compétence effective, la communauté internationale a mis en place une compétence universelle ainsi définie dans la même Convention de La Haye à l'article 4 §2 : « Tout Etat contractant prend les mesures nécessaires pour établir sa compétence aux fins de connaître l'infraction dans le cas où l'auteur présumé de celle-ci se trouve sur son territoire et où ledit Etat ne l'extrade pas conformément à l'article 8 vers l'un des Etats visés au paragraphe 1 du présent article de la convention ». Hormis la Convention de Montréal de 1971, toutes les conventions adoptent en matière de lutte contre le terrorisme cette compétence universelle obligatoire mais subsidiaire puisqu'elle n'intervient qu'à défaut d'extradition.

Ainsi l'établissement d'un cadre juridique autonome pour le terrorisme international reste déficitaire et l'ONU, qui arbore une place centrale dans le cadre de la lutte contre le terrorisme voit sa crédibilité décliner.

II. Le discrédit de l'ONU en matière de lutte contre le terrorisme

L'ONU, par son rôle légiférant et de coordination, s'impose comme la garante d'une lutte véritablement efficace contre le terrorisme à l'échelle universelle. Elle se trouve en effet au cœur du dispositif juridique international visant à éradiquer ce phénomène et dispose d'un pouvoir de sanction. Mais la mise en pratique de ces instruments juridiques témoigne de l'insuffisance des Nations Unies dans la lutte contre le terrorisme. Cette incapacité à s'imposer et à lutter efficacement, à l'image des sanctions prises à l'encontre de l'Afghanistan, est davantage mise en lumière après les attentats du 11 septembre.

A. Les sanctions internationales à l'encontre de l'Afghanistan

Le régime Taliban (initialement constitué d'étudiants) au pouvoir en Afghanistan dès 1996 défend un Emirat islamique et revendique l'application de la Charia dans son acception la plus restrictive, tandis que s'y opposent différentes factions qui défendent un Etat islamique d'Afghanistan. Ce conflit s'inscrit dans la durée et ce malgré les tentatives de médiation des Nations Unies. Toutefois, ce ne sera qu'après les attentats de Dar es Salaam (Tanzanie) et de Nairobi (Kenya) en 1998 contre des intérêts américains que l'ONU, au nom d'une menace contre la paix et la stabilité régionale, adoptera des résolutions à l'encontre de l'Afghanistan.

1) Les résolutions adressées au régime Taliban

Le 7 août 1998, les ambassades américaines de Nairobi et de Dar es Salaam sont la cible d'attentats qui mettent en évidence le rôle d'Al Qaida, une organisation dirigée par le milliardaire saoudien Oussama Ben Laden, ce dernier ayant déjà revendiqué d'autres attentats, notamment celui de Riyad du 25 juin 1996 contre la base aérienne du roi Abdelaziz, où se trouvaient 3000 soldats américains. Ces attentats portant atteinte à la paix et à la sécurité internationales, le Conseil de sécurité est habilité à agir dans le cadre du Chapitre VII de la Charte des Nations Unies.

Des mises en garde de l'ONU...

Dans le cadre de ces attentats, l'ONU a adopté plusieurs résolutions contre le régime Taliban. Dans la première du 13 août 1998 (Résolution 1189), elle constate et condamne les attentats, déclare que la répression des actes de terrorisme est essentielle pour le maintien de la paix et de la sécurité internationales et appelle tous les Etats membres à prendre les dispositions nécessaires afin de soutenir les pays sinistrés et punir les auteurs de ces actes.

Le 28 août 1998, dans sa Résolution 1193, le Conseil de sécurité condamne cette fois le conflit afghan lui-même et appelle les belligérants à trouver un règlement pacifique. De plus, il déplore l'ingérence étrangère dans ce conflit par l'envoi de personnel militaire, d'armes ou de munitions. Enfin, le Conseil exige des Talibans la cessation des activités illicites (trafics d'armes et de drogue) et exige des factions afghanes qu'elles s'abstiennent d'héberger et d'entraîner des terroristes et leurs organisations. La Résolution 1214 du 8 décembre 1998, exige à nouveau que les Talibans cessent d'entraîner et d'offrir refuge aux organisations terroristes et demande qu'ils extradent Oussama Ben Laden afin qu'il puisse être jugé par les autorités compétentes.

Mais une fois encore dans cette résolution, le Conseil ne fait que résumer et constater la situation en Afghanistan sans prendre de sanction condamnant l'attitude des Talibans. Ces résolutions n'ont qu'une portée déclaratoire (le Conseil constate, condamne, déclare, appelle ou encore invite...), évidemment totalement ignorée par les Talibans.

C'est dans la résolution 1267 du 15 octobre 1999, que les Nations Unies commencent à imposer des sanctions aux Talibans. En réalité, cette résolution fait suite aux actions unilatérales des Etats-Unis en juillet et août 1999 sur les territoires afghans et soudanais en réaction aux attentats contre les ambassades américaines. Le 5 juillet 1999, les Etats-Unis décident d'imposer des sanctions financières aux Talibans jusqu'à ce qu'Oussama Ben Laden soit extradé.

C'est donc sous l'impulsion de l'action des Etats-Unis, une nouvelle fois, que l'ONU, après avoir rappelé les principes fondamentaux du droit international, exige des Talibans qu'ils respectent les résolutions des Nations Unies et qu'ils extradent Ben Laden. Un délai d'un mois leur est alors laissé pour respecter la volonté du Conseil, avant que les sanctions ne s'appliquent à leur encontre.

...aux sanctions

Estimant que les preuves réunies contre Oussama Ben Laden n'étaient pas suffisantes, les Talibans n'ont pas procédé à son extradition. La Résolution 1333 du 19 décembre 2000 intervient donc un après la Résolution 1267 afin de renforcer les sanctions prévues par cette dernière. En effet la Résolution 1267 menaçait les Talibans d'un embargo sur tous les vols d'aéronefs appartenant ou pilotés par des Talibans, de geler leurs fonds et ressources financières et d'interdire les investissements dans les entreprises qu'ils détiennent ou qu'ils contrôlent. Dès lors, au regard du refus des Talibans, la Résolution 1333 impose l'embargo sur les armes, les munitions et l'équipement militaire et interdit formellement à tous les Etats membres de fournir une quelconque aide aux Talibans.

La nouveauté de cette résolution tient à l'exigence du Conseil que les Talibans cessent immédiatement la culture illicite du pavot en vue de la production d'opium comme source de financement du terrorisme.

Dans le prolongement de cette résolution, le Conseil adopte la Résolution 1363 le 30 juillet 2001. Il y rappelle le caractère obligatoire des résolutions précédentes pour tous les Etats membres et leur demande d'offrir une assistance accrue aux pays limitrophes de l'Afghanistan afin que les mesures soient réellement appliquées.

Enfin il prie le Secrétaire Général de créer des mécanismes de suivi des résolutions.

Si le ton de ces dernières résolutions est plus contraignant que dans les premiers temps, l'impact de celles-ci reste néanmoins léger.

2) L'impact léger des résolutions

L'absence de moyens contraignants

Si l'ONU est garante de la paix et de la sécurité internationales aux termes du Chapitre VII de la Charte, et qu'à ce titre elle dispose des moyens pour édicter des sanctions à l'encontre d'un Etat qui représente une menace pour celles-ci, il n'existe pas de véritables moyens juridiques pour contraindre les Etats à respecter les injonctions des Nations Unies et faire pression sur les gouvernements. Bien sur, en cas de refus, la Cour internationale de Justice peut être saisie et rendre un arrêt de principe qui impose à son tour des sanctions, mais une fois encore, à part la crainte d'être mis au banc de la communauté internationale, l'Etat auteur du manquement, peut passer outre.

L'impossible mise en œuvre des sanctions

Les mesures et les sanctions prévues par le Conseil de sécurité des Nations Unies se révèleront donc assez inefficaces. Outre l'absence de moyens contraignants à disposition de l'ONU pour faire respecter ses décisions, la mise en œuvre des sanctions s'avère difficile. Dans le cas des sanctions à l'encontre de l'Afghanistan, si le contrôle des décollages et atterrissages des avions de la compagnie Ariana Afghan Airlines est possible, tel n'est pas le cas du gel des fonds et autre ressources financières des Talibans. En effet, leur financement s'effectue à travers bon nombre de sociétés écrans qui profitent de surcroît du secret bancaire.

Par ailleurs, si la Convention internationale pour la répression du terrorisme vise à éliminer ce problème du financement des groupes terroristes, celle-ci n'est pas encore effective et les enquêtes ayant pour but de découvrir toutes les entreprises et organismes contrôlés par les Talibans risquent de prendre beaucoup de temps avant que les sanctions financières ne commencent véritablement à peser sur les Talibans.
Il s'avère donc difficile pour les Nations Unies de mettre en place des sanctions efficaces contre eux, d'autant que le régime Taliban n'est pas reconnu au niveau international comme le gouvernement officiel d'Afghanistan.

B. L'ONU mise au défi après le 11 septembre

Les attentats de New York et de Washington du 11 septembre 2001, attribués à Oussama Ben Laden avec le concours du régime Taliban, ont retenti comme une provocation supplémentaire pour l'ONU. En effet, ces derniers, en sus de ne pas respecter les résolutions de l'ONU et d'en négliger les sanctions, ont affiché leur mépris pour le droit et les institutions internationales, discréditant encore un peu plus aux yeux du monde entier, celle qui se pose comme garante de la paix et de la sécurité internationales, en touchant au cœur son principal élément : les Etats-Unis. Provoquée, l'ONU se devait de réagir et de reprendre sa place prépondérante dans la lutte contre le terrorisme, mais elle sera à nouveau dépassée, tant par l'action unilatérale des Etats-Unis, que par la lourdeur de son système, laissant apparaître certains effets pervers.

1) L'ONU piétine dans sa lutte contre le terrorisme

Les nouvelles résolutions

La réaction de l'ONU ne s'est pas fait attendre suite aux attentats du 11 septembre puisque dès le lendemain, le Conseil de sécurité a adopté la Résolution 1368 qui, outre le rappel du droit à la légitime défense individuelle et collective, condamne de manière catégorique ces attaques terroristes. Il demande à la communauté internationale dans son ensemble de redoubler d'efforts afin de combattre et d'éliminer le terrorisme international. Mais finalement le Conseil ne prévoit là aucune mesure concrète, et cette résolution n'aura finalement comme conséquence que de légitimer une réponse de la part des Etats-Unis, laquelle survient le 7 octobre 2001 par une riposte militaire en Afghanistan.
Le 28 septembre 2001, le Conseil adopte la Résolution 1373 qui se borne à réaffirmer toutes les mesures que les Etats doivent mettre en place pour lutter contre le terrorisme international et traduire en justice les auteurs des attentats du 11 septembre. En outre le Conseil rappelle les sanctions édictées auparavant à l'encontre de l'Afghanistan et invite les Etats à ne pas accorder l'asile aux terroristes, à effectuer des contrôles efficaces pour empêcher les mouvements de ces derniers...

Ainsi, à la lumière de ces deux résolutions prises à la suite des attentats du 11 septembre, on peut constater que l'ONU piétine, se bornant à rappeler des principes, à condamner des actes et à faire des mises en garde qui ne trouveront jamais d'échos dans la pratique. Dès lors le même constat s'impose, l'ONU n'a pas les moyens de mettre en pratique des décisions théoriques, et c'est pourquoi elle s'en remet aux Etats qui sont eux aussi limités dans leur action. En outre, de telles ambitions ne tiennent pas compte de la réalité des camps d'entraînement terroristes.

La réalité des camps d'entraînement terroristes

L'élaboration et l'application des traités internationaux sont des moyens importants de lutte contre le terrorisme, mais ils ont en pratique une utilité réduite. En effet, certains membres des Nations Unies et parties à diverses conventions internationales contre le terrorisme abritent sur leur territoire des réseaux terroristes qui agissent en toute impunité pour s'entraîner ou préparer des attentats. De nombreux Etats soutiennent ou du moins tolèrent sur leur territoire des camps d'entraînement terroristes. Sans établir une liste exhaustive, on peut constater que ce phénomène est plus fréquent qu'on ne pourrait le penser[78].

L'Afghanistan rivalise avec le Pakistan en ce qui concerne le nombre élevé de camps dédiés à l'entraînement terroriste (au moins 63 camps en activité) ! Le gouvernement Afghan a pris des mesures pour combattre ce phénomène mais elles ont eu peu d'impact car les autorités ne contrôlent pas la totalité du territoire. Il existe de tels camps dans de nombreux autres pays où les terroristes apprennent des techniques de guérillas, des méthodes de guerre psychologique, des méthodes de survie ou les techniques de suicide à la bombe.

---

[78] Cf. HUNTER (Thomas), « Bomb School : international terrorist training camps », *Jane's Intelligence Review*, mars 1997

Ainsi, en Colombie notamment, il existe des entraînements paramilitaires liés à des objectifs politiques et au commerce lucratif de drogue. Les cartels demandent à des experts militaires étrangers de s'occuper des entraînements. Ces experts proviennent du Moyen-Orient mais aussi d'Israël, de Grande Bretagne ou des Etats-Unis. En Corée du Nord une trentaine de camps ont été recensés, l'armée étant impliquée dans ces activités, et pas moins de 12 en Iran, camouflés en fermes et villages et contrôlés par les services secrets iraniens. Le gouvernement lui-même apporte son soutien aux terroristes dans le but de déstabiliser les minorités sunnites. Par ailleurs, l'Iran financerait une dizaine de camps en Bosnie Herzégovine.

Seraient également concernés des Etats aussi divers que l'Irak, le Liban, la Syrie, la Thaïlande, la Malaisie, le Soudan mais aussi les Etats-Unis. En effet, la School of Americas[79], crée au Panama en 1946 et transférée à Fort Benning (en Georgie, Etats-Unis), forme des militaires provenant de toute l'Amérique latine à la lutte contre-insurrectionnelle et anti-narcotique. Il semblerait que parmi les 60000 diplômés de cette école on retrouve des dictateurs célèbres[80], bien peu respectueux des droits de l'homme.

---

[79] Elle a changé de nom depuis le 17 janvier 2001, et s'appelle désormais : Western Hemisphere Institute for Security Cooperation. Cf. « Le paradoxe américain », Amnesty International, octobre 1998.
[80] Parmi lesquels Manuel Noriega et Omar Torrijos (Panama), Leopoldo Galtieri et Roberto Viola (Argentine), Juan Velasco Alvarado (Pérou), Guillermo Rodriguez (Equateur) et Hugo Banzer (Bolivie).

Dès lors on peut véritablement se demander si le système actuellement mis en place pour éliminer le terrorisme est réellement efficace, malgré les efforts de l'ONU et de la communauté internationale. En effet, force est de constater que les Nations Unies ne disposent pas de réels moyens de pression sur les Etats et sur les organisations terroristes elles mêmes et que, bien au contraire, ce système a des contre-effets qui peuvent être néfastes.

2) Les effets pervers de l'action de l'ONU

L'inefficacité d'instruments juridiques trop généraux

Avant d'être proposés à la signature des Etats et d'entrer en vigueur, les textes des conventions internationales sont débattus, négociés, amendés, afin que chaque Etat retrouve son point de vue dans le texte final. Or dans le cadre des Nations Unies, ce sont 190 Etats qu'il faut satisfaire par un seul texte. Par conséquent, ces textes finissent par être partiellement vidés de leur contenu initial, rédigés en des termes très généraux laissant assez de liberté d'interprétation pour que chaque Etat partie y trouve son compte. Mais de fait, cela laisse place à d'éventuelles erreurs d'appréciation qui contribuent à amoindrir l'efficacité des instruments juridiques internationaux. Or, dans la mesure où l'efficacité de ces instruments juridiques dépend de leur ratification par le plus grand nombre d'Etats, il apparaît nécessaire pour remédier à cet éparpillement que l'ONU mette à la disposition des Etats un document explicatif des dispositions exactes des conventions, lorsque celles-ci sont adoptées, ainsi que de leur cadre d'application détaillé.

Par ailleurs, l'approche sectorielle est lacunaire. Si elle a été l'occasion d'appréhender certains actes de terrorisme particuliers, elle n'a pas permis aux 190 Etats de s'accorder sur une définition globale. De nombreuses activités associées au terrorisme ne sont pas couvertes par les différentes conventions internationales, comme par exemple le trafic d'armes, de drogue, le blanchiment d'argent, la perturbation des réseaux de communication mondiaux ou la falsification des documents de voyage. Cette approche sectorielle a donc comme inconvénient principal de n'apporter que des solutions fragmentaires et ponctuelles au problème global du terrorisme.

L'incidence négative sur les populations

Le droit international public pose comme un des principes fondamentaux, la non ingérence d'un Etat dans les affaires intérieures d'un autre Etat. Néanmoins, en cas de rupture ou de menace à la paix et à la sécurité internationales, les différents organes des Nations Unies doivent agir pour le bien de la communauté internationale et dans ce cadre, les décisions contraignantes qui s'imposent aux Etats membres ne sauraient être considérées comme des mesures d'ingérence. Cependant, nous avons vu que les décisions qui se veulent contraignantes, prenant généralement la forme de sanctions, n'ont qu'un impact limité sur les gouvernements ou les groupes impliqués. A l'inverse, les populations font souvent les frais de ce genre de mesures. Ainsi elles sont les premières victimes des mesures tels que les embargos alors que les gouvernements contournent cet obstacle par des financements illégaux.

De fait les mesures de sanctions prises par le Conseil de sécurité peuvent contribuer au développement de crises humanitaires, que l'ONU a justement pour but d'éviter.

Il semblerait que les mesures adoptées par les Nations Unies et par la communauté internationale se rapprochent plus de la conception occidentale de la lutte contre le terrorisme axée sur la répression et l'élimination du phénomène, et ce au détriment d'un travail de fond sur les causes et les racines du terrorisme comme le préconisent plutôt les Etats du Sud.
Or, si l'on veut combattre réellement et efficacement le phénomène du terrorisme international, il est essentiel de commencer par étudier les fondements du problème et donc de traiter de manière plus efficace les facteurs politiques et sociaux à son origine. Il faut donc s'attaquer aux causes du terrorisme à savoir la pauvreté, l'ignorance, les conflits non résolus à l'image du conflit Israélo-palestinien afin de réduire les inégalités et par là même les sentiments de frustration et de désespoir. En effet, l'appréhension des causes du terrorisme permet de mieux comprendre le développement de ce phénomène et ainsi permet de le prévenir, voire même, espérons le, à terme, de l'éliminer.

Le droit international est aujourd'hui indéniablement lacunaire. Pour autant il ne semble pas qu'il soit complètement inutile. En effet, la Charte des Nations Unies pose un cadre international qui permet de limiter les ambitions personnelles des Etats afin que tous coexistent. Si à l'évidence les principes fondamentaux du droit international ne trouvent pas une application sans faille dans la société internationale, ils apparaissent néanmoins comme une garantie minimum nécessaire, comme des garde-fous pour limiter les abus. La survie d'un cadre juridique international est donc indispensable, en dépit du caractère aujourd'hui déficient de celui-ci.

CHAPITRE II

L'indispensable survie d'un droit international aujourd'hui déficient

La lutte contre le terrorisme n'est pas le seul domaine où le droit international existant est lacunaire. Si depuis 1945 les Nations Unies et la communauté internationale se sont attachées à appréhender tous les aspects des relations internationales, la mise en œuvre et l'application effective des diverses dispositions de la Charte ne se font pas sans mal et les Etats-Unis ont su tirer parti de ces insuffisances. En effet, conscient de l'impossibilité pour eux de subir les conséquences de leur marginalisation du droit international du fait de l'impossible mise en œuvre des règles de la responsabilité internationale, ils ont trouvé dans les faiblesses de l'ONU une légitimation à leur action unilatérale. Mais cette attitude n'a pas été sans conséquences négatives, ce qui a mis en lumière l'importance de l'ONU malgré ses défaillances.

I. L'impossible mise en œuvre des règles de la responsabilité internationale

Il n'existe aucune convention qui règle de manière générale la responsabilité internationale des Etats. Le droit international prévoit néanmoins des règles, pour la plupart coutumières et jurisprudentielles, applicables en matière de responsabilité. D'un point de vue théorique, au regard de ces règles, les Etats-Unis et leurs ressortissants pourraient voir leurs responsabilités engagées pour des actes commis dans le cadre de la guerre contre le terrorisme. Mais la réalité est différente et l'impunité américaine témoigne de l'impossibilité de mettre en œuvre en pratique ces règles internationales.

A. L'existence d'un droit international de la responsabilité

Selon la Commission du Droit international (CDI), « tout fait internationalement illicite d'un Etat engage sa responsabilité internationale ». Le fondement de la responsabilité internationale des Etats repose donc sur un manquement au droit international et, en théorie, l'Etat peut se voir appliquer des sanctions. En outre si les actes des agents de l'Etat peuvent engager la responsabilité de ce dernier, les individus eux-mêmes peuvent voir leur responsabilité personnelle engagée.

1) La sanction d'un fait internationalement illicite

La violation d'une obligation internationale entraînant un dommage

La CDI s'est attachée à définir le fait internationalement illicite dans l'article 19 de son projet d'articles sur la responsabilité internationale des Etats. Il peut s'agir soit d'un crime international soit d'un délit. Le crime international s'entend alors du fait internationalement illicite qui résulte de la violation par un Etat d'une obligation internationale conventionnelle ou coutumière, « si essentielle pour la sauvegarde d'intérêts fondamentaux de la communauté internationale que sa violation est reconnue comme un crime par cette communauté dans son ensemble »[81], par exemple l'agression, le maintien par la force d'une domination coloniale, le génocide ou l'esclavage. Le délit international quant à lui, est un fait international illicite plus léger, mais qui entraîne néanmoins des conséquences dommageables. La CDI voulait à travers cet article, établir une hiérarchie dans les actes illicites, auxquels ne s'appliquerait pas le même régime de responsabilité, la différence tenant essentiellement au fait qu'en cas de crime, tous les Etats, directement affectés ou non, auraient le droit de mettre en demeure l'Etat fautif aux fins de la cessation ou de réparation de l'acte illicite et d'user à son encontre de contre-mesures. Cette solution déroge au principe communément admis en droit international et applicable aux délits, de la prohibition de « l'action populaire », c'est-à-dire que seule la personne ou l'Etat victime du préjudice peut demander réparation pour le fait illicite qui a porté atteinte à un droit juridiquement protégé par le droit international.

De fait, ce projet a fait l'objet de nombreuses controverses, d'autant qu'il prévoyait une responsabilité pénale des Etats alors qu'il n'existe aucune autorité supérieure aux Etats capable de sanctionner pénalement les détenteurs de la souveraineté.

Sanctions et mise en œuvre théorique de la responsabilité

Toute violation d'un engagement engendre l'obligation pour son auteur de réparer le dommage qui en découle selon une forme adéquate. Lorsque cela est possible,

---

[81] *Cinquième rapport sur la responsabilité des Etats,* CDI, 1976, vol. II

il s'agit de remettre les choses en l'état (*restitutio in integrum*). Mais souvent, les effets des violations sont irréversibles, la remise en état est donc impossible. Dans ce cas, la réparation se présente généralement sous forme d'indemnisation. Celle-ci n'est pas nécessairement pécuniaire et peut résulter d'excuses publiques, de regrets. Pour obtenir cette réparation, les autres Etats peuvent faire pression sur l'Etat fautif notamment par des contre-mesures qui n'impliquent pas l'usage de la force.

Au sein des contre-mesures, la doctrine distingue généralement entre les mesures de rétorsion et les représailles non armées.

Les mesures de rétorsion sont des mesures qui, tout en étant licites, causent certains dommages à l'Etat auquel elles s'appliquent et tentent par ce biais de l'amener à composition. Il peut s'agir de la rupture de négociations commerciales, de relations diplomatiques ou financières.

Les représailles non armées quant à elles, sont des mesures de contraintes dérogatoires aux règles ordinaires du droit international et prise par un Etat pour répondre à un acte illicite commis par un autre Etat. Elles peuvent être décidées dans un cadre bilatéral ou multilatéral, étant plus efficaces dans ce dernier cas. Toutefois elles doivent répondre à certaines conditions et notamment au principe de proportionnalité. Il peut s'agir par exemple d'un embargo collectif. Cependant ces représailles non armées doivent être encadrées de manière rigoureuse afin d'éviter les débordements.

2) De la responsabilité de l'Etat à la responsabilité internationale des individus

Attribution à l'Etat du comportement de ses agents

Les principes de base en la matière ont été dégagés dans une sentence arbitrale de Max Hubert du 23 octobre 1924[82]. En principe, l'Etat ne peut être tenu responsable de tout évènement survenu sur son territoire et notamment des faits commis par des individus non fonctionnaires. C'est ainsi que, traditionnellement la responsabilité de l'Etat n'est pas engagée pour les dommages causés par les émeutes populaires, les révoltes, les guerres civiles et les groupes indépendants. Néanmoins, cela n'exclut pas le devoir pour l'Etat d'exercer une certaine vigilance. En effet, s'il n'est pas responsable des comportements individuels et révolutionnaires eux-mêmes, il peut cependant être tenu responsable de ce que les autorités font ou ne font pas pour parer, dans la mesure du possible, aux conséquences (il s'agit alors de la responsabilité pour l'inaction de la puissance publique). Le principe est donc que l'Etat est responsable de son propre fait. Il reste cependant à déterminer à quel degré de vigilance l'Etat est tenu. Selon Max Hubert, l'Etat n'était tenu dans la prévention des infractions qu'à une *diligentia quam in suis*, c'est-à-dire que le comportement de l'Etat doit être apprécié *in concreto* au regard de la nature du danger, des informations et des moyens disponibles.
En outre, il ajoutait que la responsabilité de l'Etat pouvait être engagée également pour « un manque de diligence dans

---

[82] *Recueil des sentences arbitrales des Nations Unies*, vol. II, pp. 640/647

la poursuite pénale des fauteurs, ainsi que dans l'application des sanctions civiles voulues ».

Cette analyse fut partagée par la CIJ dans son arrêt du 24 mai 1980 relatif à l'affaire du personnel diplomatique et consulaire des Etats-Unis à Téhéran, où elle distinguait entre les faits imputables au gouvernement iranien et ceux relevant de l'action des particuliers dont ledit gouvernement ne pouvait être rendu responsable[83]. Mais, en l'espèce, elle reprochait au gouvernement iranien d'avoir manqué de prendre les mesures appropriées, alors que les autorités disposaient des moyens nécessaires pour s'acquitter de leurs obligations. De fait, cette inaction totale et volontaire constitue, selon la Cour, une carence grave et manifeste imputable à l'Etat iranien.

D'autre part, si l'Etat ne peut être tenu responsable de tout ce qui se passe sur son territoire, il doit néanmoins répondre des actes de ses fonctionnaires. La responsabilité de l'Etat est donc engagée dès que le comportement dénoncé résulte de personnes ou d'organes placés sous son autorité. Ainsi, les activités administratives, législatives, juridictionnelles d'un Etat ou encore le comportement d'agents incompétents suffisent à engager la responsabilité de l'Etat.
Par extension, tel est le cas lorsque des individus se comportent comme des « fonctionnaires de fait », c'est à dire adoptent le comportement de fonctionnaires d'Etat, avec le soutien du gouvernement. A ce titre, dans l'arrêt du 24 mai 1980, la Cour, constatant que l'ayatollah Khomeiny, guide

---

[83] Cour Internationale de Justice, Affaire du personnel diplomatique et consulaire des Etats-Unis à Téhéran, *CIJ Recueil 1980*, p.3

spirituel de la nation iranienne , avait approuvé cette opération, décide que « les militants, auteurs de l'invasion et geôliers des otages, sont devenus des agents de l'Etat iranien dont les actes engagent sa responsabilité internationale ».

Dans le cadre de la lutte contre le terrorisme, l'Etat ne saurait être rendu responsable de toute activité terroriste préparée sur son territoire mais commise à l'extérieur, à moins qu'il soit impliqué d'une manière ou d'une autre dans ces activités. Ainsi la connaissance, la tolérance voire même le concours de l'Etat (financement, fournitures d'armes...) aux auteurs de telles activités sont de nature à engager sa responsabilité qui devra être appréciée *in concreto*, compte tenu là encore des informations et des moyens dont disposent les pouvoirs publics.

Mais progressivement s'est imposée la volonté de sanctionner directement les auteurs des infractions internationales, afin d'éviter qu'ils ne se retranchent derrière la responsabilité de l'Etat.

La responsabilité pénale des individus agissant au titre d'agent de l'Etat

Après la seconde guerre mondiale émerge la volonté de dépasser la responsabilité de l'Etat pour atteindre celle des individus ayant agi pour son compte. C'est le Tribunal Militaire de Nuremberg (TMI) qui posera les règles relatives aux infractions imputables à un individu agissant à titre d'agent de l'Etat, en affirmant que « les infractions en droit international sont commises par des hommes et non par des entités abstraites. Ce n'est qu'en punissant les auteurs de ces infractions que l'on peut donner effets aux dispositions du droit international »[84]. Il s'agit là d'une rupture avec les règles classiques de la responsabilité selon lesquelles les agissements illicites d'un agent de l'Etat ayant agi comme tel reste imputés à l'Etat. Néanmoins la responsabilité individuelle n'exonère pas l'Etat de sa responsabilité en droit international.

La Commission du Droit International (CDI) a élaboré un code des crimes contre la paix et la sécurité de l'humanité. Ces derniers se distinguent par « leur caractère particulier d'horreur et de cruauté, de sauvagerie et de barbarie »[85].
Le statut du TMI de Nuremberg définissait trois catégories de crimes : crimes de guerre, crimes contre l'humanité et crime contre la paix. Hormis le crime contre la paix, ces catégories furent reprises par les tribunaux pénaux internationaux ad hoc pour l'ex-Yougoslavie et pour le Rwanda (TPIY et TPIR), auxquelles furent ajoutées celles de crime de génocide et crime d'agression. Ces incriminations ont été reprises par le statut de la Cour Pénale Internationale, et si elles peuvent entraîner la responsabilité de l'Etat, elles peuvent aussi entraîner la responsabilité individuelle de ceux qui ont décidé ou mis en œuvre le crime. En effet, le statut de Rome (article 33) reprend la règle coutumière selon laquelle « le fait qu'un crime relevant de la compétence de la Cour a été commis sur ordre d'un gouvernement ou d'un supérieur [...] n'exonère pas la personne qui l'a commis de sa responsabilité pénale ».

---

[84] TMI, vol. I, p. 223
[85] Ann. CDI 1983, vol. II, 2ᵉ partie, p. 14

En outre, la dissociation entre la responsabilité de l'individu et celle de l'Etat pour des infractions connexes, s'illustre par la mise à l'écart de la règle coutumière de l'immunité de juridiction des chefs d'Etat et agents de l'Etat. Ainsi l'article 27 de la CPI, comme les statuts des tribunaux ad hoc, pose le principe du défaut de pertinence de la qualité officielle de « chef d'Etat ou de gouvernement, de membre d'un gouvernement ou d'un parlement, de représentant élu ou d'agent d'un Etat », comme cause éventuelle d'exonération de responsabilité.

La mise en œuvre de la responsabilité internationale individuelle se fait donc généralement dans le cadre des juridictions internationales, les juridictions internes étant encore largement réservées quant à l'exercice de la compétence universelle, pourtant de valeur coutumière en la matière.

Ainsi donc si le droit international prévoit des règles qui, en théorie, permettraient d'engager la responsabilité des Etats-Unis mais aussi la responsabilité individuelle de certains membres du gouvernement à l'origine du crime d'agression contre l'Irak, ou de certains soldats auteurs de crimes de guerre, il semble que ces règles ne trouvent aucune application concrète. En effet, il existe un gouffre entre la théorie et la pratique, qui permet aux Etats-Unis et à leurs ressortissants de bénéficier d'une totale impunité au niveau international.

B. L'impunité américaine au regard du droit international

L'impunité américaine s'illustre par le refus des Etats-Unis de ratifier le statut de la Cour Pénale Internationale et donc de voir leurs ressortissants jugés par une juridiction internationale. Mais, surtout, cette immunité a été consacrée dans le cadre des Nations Unies, témoignage incontestable de la soumission de l'organisation à la superpuissance américaine.

1) Le refus de ratifier le statut de la Cour Pénale Internationale

La compétence de principe de la Cour Pénale Internationale (CPI)

La mise en œuvre de la responsabilité pénale des individus a connu un essor avec la mise en place des tribunaux pénaux internationaux ad hoc pour l'ex-Yougoslavie et pour le Rwanda (TPIY et TPIR) et s'est étendue au niveau international grâce à la création de la CPI.
La signification et la portée de la Convention de Rome du 17 juillet 1998 posant le statut de la CPI sont considérables. Cette convention confirme et consolide le dispositif juridique existant pour permettre à la communauté internationale de garantir les « droits de l'Humanité » et instaure la CPI qui coexiste depuis lors avec la Cour internationale de justice (CIJ) qui ne dispose pas des moyens coercitifs permettant de faire respecter ses sentences. Le statut de la Cour, soumis à la ratification de 60 Etats est entré en vigueur le 1er juillet 2002. Mais du fait des compromis entre les conceptions opposées de ces Etats membres, la CPI connaît de nombreuses

imperfections techniques et ses modalités se distinguent de celles des deux TPI.

En effet, ceux-ci, établis par voie d'actes unilatéraux à portée obligatoire, pris par les Nations Unies dans le cadre du chapitre VII de la Charte, s'imposent à tous les Etats membres de l'ONU qui doivent reconnaître leur autorité. Leur statut respectif prévoit leur primauté sur les juridictions nationales. A l'inverse, la CPI est crée par voie conventionnelle et constitue une organisation internationale distincte de l'ONU, qui n'aura donc de force obligatoire qu'à l'égard des Etats Parties, tout en demeurant susceptible d'être saisi par le Conseil de sécurité qui pourra notamment suspendre les enquêtes et les poursuites qu'elle aura mené pendant 12 mois (articles 13 b. et 16 du statut de Rome de 1998). Le paradoxe est ainsi que les deux TPI, quoique organes subsidiaires du Conseil de sécurité lui-même, sont de fait plus indépendants à son égard que la CPI, pourtant constituée de façon autonome !

En outre, la compétence de la CPI est « complémentaire des juridictions pénales nationales » (article 1er du statut de Rome). Cela signifie que la Cour, compétente pour juger des crimes de guerre, crimes de génocide, crime contre l'humanité et crime d'agression, n'en poursuivra les auteurs que dans la mesure où ils ne l'auraient pas été par les Etats susceptibles d'intenter les poursuites.

La CPI ne pourra être saisi que par deux catégories d'Etats (art. 12.2) : soit celui « sur le territoire duquel le comportement en cause s'est produit », soit celui « dont la personne accusée du crime est un national », et ceux là dans la limite des Etats parties au statut de la Cour ou l'ayant reconnu exceptionnellement par déclaration spéciale (art. 12.3).

Il s'agit là d'une grave limitation à l'universalité de la juridiction de la CPI, dont l'efficacité dépendra largement de la coopération dont les Etats voudront bien faire preuve, ces derniers pouvant amender l'acte constitutif de la CPI.

L'exception américaine

En dépit des innovations du statut de la CPI, l'ordre juridique international reste fondé sur le principe de souveraineté et les pays, tout comme leurs dirigeants conservent d'efficaces moyens de protection. Or, si le Royaume-Uni a ratifié le Statut de Rome dès 2001, tel n'est pas le cas des Etats-Unis de George Bush qui, non seulement s'y sont refusés, mais ont en plus dénoncé la signature apposée *in extremis* par le Président Clinton.

Par l'American Service Members' Protection Act[86] (loi ASPA), présenté pour la première fois le 8 mai 2001 par le républicain M. Delay et signée par le Président Bush le 2 août 2002, les Etats Unis refusent de reconnaître la juridiction de la CPI contre leurs nationaux (section 2002). Cette exception américaine s'étend aux membres des forces armées américaines surtout lorsqu'ils sont déployés à travers le monde pour protéger les intérêts nationaux vitaux des Etats-Unis et au Président des Etats-Unis ainsi que les autres membres élus du gouvernement notamment au regard de

---

[86] Cf. *American Service Members' Protection Act*, Bureau of Political Military Affairs, Washington DC, 30.07.2003

leurs décisions et actions officielles prises pour protéger une fois encore les intérêts nationaux américains. Ceci témoigne à nouveau du sentiment de supériorité des Etats-Unis qui considèrent que la protection de leurs intérêts nationaux justifie que les gouvernants prennent des décisions qui vont à l'encontre du droit international (tels que l'agression d'un Etat) et qu'à ce titre ils bénéficient d'une immunité et ne voient pas leur responsabilité engagée, de même pour les soldats américains qui mettent en œuvre ces décisions.

En outre, l'ASPA pose une interdiction générale de coopération américaine avec la CPI (Section 2004), qui s'applique aux tribunaux américains, aux gouvernements locaux et au gouvernement fédéral et comprend l'interdiction de transférer vers la Cour toute personne, citoyen américain ou étranger résident aux Etats-Unis ou présente sur le territoire ; l'interdiction de toute enquête de la Cour sur le territoire des Etats-Unis; l'interdiction d'affecter des fonds du gouvernement américain aux arrestations, détentions, extraditions ou à la poursuite d'un citoyen américain ou d'un étranger résidant de façon permanente aux Etats-Unis par la Cour...

Cette loi empêche le transfert à la Cour de documents relevant de la sécurité nationale (Section 2006) et interdit toute assistance militaire avec la plupart des États ayant ratifié le Statut de Rome (Section 2007) : selon ce principe, un an après l'entrée en vigueur de la Cour, aucune assistance militaire américaine ne sera fournie à un Etat partie à la CPI. Cependant la loi prévoit que certains Etats font exception, conformément à l'intérêt national américain. Ainsi, la clause de non-assistance n'est pas applicable aux Etats membres de l'OTAN ou aux alliés essentiels bien que non membres de l'OTAN (y compris l'Australie, l'Egypte, Israël, le Japon, la Jordanie, l'Argentine, la République de Corée, la Nouvelle Zélande) ainsi que Taiwan. Enfin, elle restreint la participation américaine à certaines opérations de maintien de la paix de l'ONU (Section 2005).

Toutefois, la non ratification ne protège pas les ressortissants de manière absolue puisque la localisation du crime dans un pays couvert par la juridiction de la CPI suffit à la rendre compétente. Ainsi les Etats parties sont tenus de coopérer avec la CPI et notamment de lui déférer tout accusé se trouvant sur leur territoire, même si celui-ci est ressortissant d'un Etat ayant refusé la compétence de la Cour. Au regard de cette possibilité, il parait regrettable que l'Irak n'ait pas ratifié le statut de la CPI car ç'eut été le seul moyen d'engager la responsabilité de ressortissants américains pour les crimes commis en Irak. De toutes façons, les Etats-Unis ont invité tous les Etats à signer avec eux des traités bilatéraux par lesquels ils renoncent à déférer des ressortissants américains.

Enfin, un dernier amendement à l'ASPA, (" Amendement Dodd ", Section 2015) permet aux Etats-Unis de participer aux efforts internationaux, y compris avec la CPI, pour traduire en justice des ressortissants étrangers accusés de génocide, crimes de guerre ou crimes contre l'humanité tels que Saddam Hussein, Slobodan Milosevic, Ben Laden ou autres membres d'Al Qaida ou de djihad islamiques.

Une fois encore, le dédain américain est flagrant, les Etats-Unis s'estimant au dessus de la communauté internationale à qui ils veulent imposer une juridiction internationale. Ils se soustraient aux règles applicables aux autres Etats en matière de responsabilités, mais se postent comme le garant de leur application. Entre immunité pour leurs ressortissants et lutte anti-terroriste, l'intérêt national permet toutes les contradictions.

2) La mainmise des Etats-Unis sur l'ONU

Consécration de l'impunité américaine par le Conseil de sécurité

Depuis la mi-juin 2002, Washington tentait d'introduire auprès du Conseil de sécurité des dispositions visant à exclure de la compétence de la CPI tout personnel ressortissant d'un Etat non partie au Statut, engagé dans des opérations de maintien de la paix des Nations Unies et, au premier chef, les nationaux américains. Pour faire face à l'opacité des procédures du Conseil de sécurité, le Canada, à trois reprises, a demandé que soit organisée une séance ouverte. Après avoir essuyé deux refus, cette session s'est finalement tenue le 10 juillet dernier.

Bien que la majorité des Etats se soit auparavant prononcée contre la proposition américaine et contre la possibilité pour le Conseil de sécurité de rouvrir le Statut de la CPI, les Etats ont voté le 12 juillet 2002 une résolution qui se veut être un compromis. La Résolution 1422, qualifiée de " victoire " par certains, aboutit en réalité à la banalisation d'une justice à la carte et octroie l'immunité absolue pendant une période d'un an pour les ressortissants d'Etats non partie au Statut dans le cadre d'opérations de maintien de la paix. De plus, cette décision est renouvelable chaque année au 1er juillet, date anniversaire de la création de la CPI. Ainsi, la résolution 1422 altère la compétence de la Cour en consacrant une interprétation large de l'article 16 du Statut de Rome, qui permet au Conseil de sécurité de surseoir à une enquête ou à la poursuite d'une personne mais, au cas par cas et de façon limitée.

Cette résolution ouvre dangereusement la porte à d'autres modifications de conventions internationales par une décision politique du Conseil de sécurité. C'est pourquoi elle a fait l'objet de vives critiques et a été condamnée par plusieurs institutions. Ainsi, la sous-commission de la promotion et de la protection des droits de l'Homme du Conseil économique et social des Nations Unis a déploré « l'immunité de principe accordée en vertu de la résolution 1422 (2002) du 12 juillet 2002 du Conseil de sécurité aux ressortissants d'États parties ou non au Statut qui participent à des opérations décidées ou autorisées par le Conseil de sécurité en vue de maintenir ou de rétablir la paix et la sécurité internationales »[87], tandis que le Parlement européen souligne « qu'aucun accord d'immunité ne doit permettre de laisser impunie une personne accusée de crimes de guerre, de crimes contre l'Humanité ou de génocide »[88].

Pourtant, malgré ces critiques, le Conseil de sécurité a voté, le 12 juin 2003, le renouvellement pour un an, de l'exemption

---

[87] Résolution 2002/4 du 13 août 2002, Conseil Economique et Social des Nations Unies, sous-commission de la promotion et de la protection des droits de l'homme
[88] Résolution 2002/0449, Parlement européen, 26 septembre 2002

de poursuites devant la CPI dont bénéficient les soldats américains participant à des opérations de maintien de la paix.

La responsabilité des ressortissants américains y compris des gouvernants ne pourra donc être engagée au niveau international et ce, avec l'aval de l'ONU.
Si les auteurs des tortures en Irak notamment, ainsi que leurs supérieurs hiérarchiques sont jugés, ils le seront par des tribunaux militaires nationaux. Pour le reste, les jugements des auteurs d'exactions sont moins médiatisés et en tous cas les gouvernants ne répondront pas de leurs actes.
Concernant les britanniques, la CPI pourra agir mais seulement si la justice nationale se trouve dans l'incapacité de le faire.
Ce soutien incontesté des Nations Unies aux Etats-Unis, même s'il n'est qu'implicite à chaque fois, tient au fait que l'organisation en réalité, est dépendante de ceux-ci.

La place prépondérante des Etats-Unis au sein des Nations Unies

Il est intéressant de noter qu'a priori, les Etats-Unis ne sont pas opposés à la mise en place de juridictions pénales internationales et au contraire, force est de constater que depuis 1945, ils ont été un des principaux soutiens aux TPI. Mais la condition *sine qua non* de leur soutien résidait dans le maintien d'un contrôle effectif sur le fonctionnement et la compétence de ces juridictions. En effet, les Etats-Unis sont d'accord pour se mobiliser en faveur de la lutte contre l'impunité mais uniquement s'ils obtiennent la garantie qu'ils pourront contrôler effectivement les mécanismes de répression internationale mis en place. Leur but est la protection de leurs intérêts nationaux, au besoin en usant de leur droit de veto. Cet esprit explique le refus de ratifier le statut de la CPI sur laquelle les Etats-Unis ne pourraient avoir une influence aussi grande que sur les TPI crées dans le cadre des Nations Unies.

Nous avons vu que l'une des plus grandes faiblesses de l'ONU tient au fait que l'organisation n'est en mesure ni de contrôler les Etats, ni même de faire pression sur eux lorsque ceux-ci commettent des infractions. En outre, on peut constater l'application du principe « deux poids, deux mesures » face aux différents Etats. En effet, les Etats pèsent de manière variable au sein de la communauté internationale et les Nations Unies n'agiront évidemment pas de la même façon si le pays en infraction est le Pérou, l'Afghanistan ou les Etats-Unis. Par exemple, en 1998, après les attentats commis contre les ambassades américaines de Nairobi et de Dar es Salaam, les Etats-Unis ont lancé des missiles sur une usine pharmaceutique soudanaise qu'ils soupçonnaient de produire des gaz neurotoxiques pour le compte d'Oussama Ben Laden, et contre six sites afghans soupçonnés d'abriter des bases d'opérations de réseaux terroristes également dirigés par Ben Laden.
Dès lors, que penser de cette réponse apportée au terrorisme ? Ne pourrait-elle pas être qualifiée elle-même d'acte terroriste ?
Même si les Nations Unies ont déploré l'acte des Etats-Unis, jamais ceux-ci n'ont été condamnés directement. Mais en définitive, l'ONU peut-elle réellement condamner les Etats-Unis ? La réponse est évidemment négative et tient au rôle

prépondérant des Etats-Unis au sein de l'ONU. Ces derniers contribuent à hauteur de 25 % du total des contributions obligatoires des Etats membres de l'ONU et, disposent d'un droit de veto au sein du Conseil de sécurité où ils sont membres permanents. De plus, compte tenu de leur statut de « superpuissance mondiale », les Etats-Unis représentent un poids beaucoup trop important au niveau international pour que l'ONU n'encoure le risque de tensions internes, ou pire encore, d'un retrait de l'organisation.

Au regard de ces constats, force est de constater que l'ordre juridique international ne répond plus aux préoccupations internationales d'aujourd'hui. Les Etats-Unis, conscients de cet état de fait ont instrumentalisé le droit international au gré de leurs intérêts, tantôt en le soutenant, tantôt en l'outrepassant, sachant qu'ils ne s'exposent à aucune sanction de la part des Nations unies. Pour autant, faut-il considérer que le droit international et par là même l'ONU sont devenus inutiles et n'ont plus aucun avenir ? Cela n'est pas évident, notamment si l'on prend en considérations les mutations qui s'opèrent dans l'ordre international, lesquelles laissent apparaître les limites de la puissance américaine.

II. De la confusion mondiale à la force du droit international

Si les Etats-Unis ont su trouver dans les lacunes du système onusien, une justification à leurs actions unilatérales, ces dernières ne peuvent être considérées comme de véritables succès, qui suffiraient à supplanter et à rendre obsolètes les Nations unies.

A. L'unilatéralisme américain justifié par l'insuffisance des Nations Unies

Face aux lacunes des instruments juridiques existants, les Etats-Unis, notamment après le 11 septembre, ont recherché des substituts. Mais leurs interventions, se sont globalement soldées par des échecs.

1) La recherche de substituts aux instruments juridiques internationaux

La dimension juridique du terrorisme supplantée par le politique

L'absence d'un droit international efficace en matière de lutte contre le terrorisme pousse à opter pour un règlement diplomatique. En effet, les sanctions onusiennes restent le plus souvent lettre morte et l'efficacité des accords bilatéraux démontre que la voie juridique reste encore très subsidiaire.
Le politique prend alors le pas sur le droit dès lors que la négociation diplomatique permet de pallier aux insuffisances du cadre juridique. Le règlement diplomatique d'un différend peut prendre la forme d'indemnisation et consiste chaque fois que cela est possible à une remettre les chose en l'état.
Cette alternative présente notamment l'avantage de ne pas déclencher obligatoirement une procédure pénale.

Le cas particulier du terrorisme d'Etat peut conduire à l'exclusion de toute procédure juridique car, lorsqu'un Etat voit sa responsabilité engagée pour son aide à la commission d'un acte de terrorisme, il peut vider la procédure juridique de toute pertinence. La Libye fournit un bon exemple de blocage étatique, ayant imposé un règlement par la voie diplomatique : la responsabilité de cet Etat a été engagée pour l'attentat de Lockerbie et l'explosion du DC 10 de la compagnie française UTA. Les autorités libyennes ont refusé pendant toute la durée de l'enquête et de l'instruction toute coopération internationale (extradition, fourniture de pièces...). Deux résolutions de l'ONU invitèrent la Libye à réviser sa position, sans succès malgré des menaces de sanctions. Le conflit juridique était ainsi irrémédiablement transformé en différend politique.

En somme, la procédure juridique dépend du bon vouloir des Etats qui, de fait adoptent des réponses pragmatiques régionalement ou unilatéralement. Mais si cette dérive débouche au mieux sur l'utilisation de contre mesures, elle peut également déboucher sur le recours à la force armée.

De la négociation diplomatique à l'intervention armée

La négociation diplomatique n'aboutit pas toujours, et nombreux sont les Etats qui détournent les normes de droit international pour justifier une intervention armée.
Tel a été le cas d'Israël, de l'Afrique du Sud et, on l'a vu des Etats-Unis, qui ont fait usage de la force armée afin de lutter contre des actes de terrorisme international, notamment en invoquant l'article 51 de la Charte des Nations Unies qui autorise la légitime défense en cas d'agression armée par un autre Etat.
La négociation diplomatique n'est souvent qu'une façade pour les Etats qui veulent recourir à la force et parfois même, elle est jugée inappropriée. Ainsi les Etats-Unis sont intervenus en Afghanistan en octobre 2001 sans procédure diplomatique préalable et, dans le cas de l'Irak, ce n'est que

sous la pression de la communauté internationale qu'ils ont accepté d'attendre durant la période d'inspections qui visait à rechercher des traces d'armes de destructions massives.
Bien sûr, il existe des cas où un règlement diplomatique est manifestement impossible, mais il n'appartient pas à un Etat d'en décider et encore moins de régler le différend par les armes de manière unilatérale. Cette démarche montre bien le fait que les Etats-Unis, conscients des limites de l'ONU, des règles prévues par la Charte et de ses pouvoirs de sanctions, tentent de la contourner et de la court-circuiter. Or la stratégie américaine, au-delà de la démonstration de puissance militaire, a également montré ses limites.

2) L'échec de la stratégie américaine

La stratégie américaine dans ses interventions post-11 septembre, s'est essentiellement appuyée sur le hard power américain, c'est-à-dire sur la puissance militaire. Il est incontestable que celle-ci dépasse celles du monde entier. Ainsi, après la chute du régime Taliban, il n'a pas fallu un mois aux troupes américaines pour destituer Saddam Hussein et remporter la victoire militaire contre l'Irak. Mais ce constat doit être nuancé car en réalité la guerre continue et désormais la puissance militaire ne suffit plus. En effet, dans « l'après guerre » irakien, les Etats-Unis peinent à la reconstruction civile et doivent affronter les nombreux mouvements de guérillas et de résistance, tandis que sur le front afghan, on assiste au retour des Talibans.

Le retour des Talibans

Si en 2001, les Talibans ont disparu de la scène, ils se sont en réalité réorganisés au Pakistan. Ce pays offre un sanctuaire aux combattants où ils sont soutenus par une opinion publique largement et profondément anti-américaine, et met à leur disposition des réseaux transnationaux par le biais des medersas (écoles coraniques) fondamentalistes, un financement facilité par la contrebande sur la frontière…
En déclarant la guerre gagnée, les Etats-Unis ont sous estimé la détermination et les capacités de leurs adversaires qui bénéficiaient alors d'une situation favorable pour constituer un mouvement de guérilla et, aujourd'hui, les Talibans contrôlent en grande partie les campagnes pachtounes au Sud de Kaboul et installent un gouvernement parallèle.

Leur retour s'explique par le manque d'effectif de la coalition sur place : 12000 soldats, principalement américains et 5000 hommes de la Force Internationale d'Assistance à la Sécurité (ISAF) ; par l'insuffisance du renseignement humain cumulée à celle du renseignement technique qui a montré ses limites quant à la localisation de Ben Laden et du Mollah Omar ; et par l'échec de la reconstruction de l'Etat. En effet, trois ans après la chute des Talibans, l'autorité du gouvernement de Kaboul reste limitée à la capitale. Cet échec tient largement au déséquilibre introduit par les accords de Bonn de décembre 2001, où Hamid Karzaï est nommé président sous la pression des Etats-Unis mais où le pouvoir réel dans la capitale est confié aux héritiers de Massoud. En effet, le président n'a pas les moyens de gouverner et la marginalisation politique des Pachtounes au profit des ethnies du Nord peut être considérée comme résultant de ce déséquilibre à Kaboul[89] (nettoyage ethnique des Pachtounes minoritaires dans le Nord avec la complicité des partis au pouvoir, redistribution de l'aide défavorable aux Pachtounes...). De fait, les Pachtounes, qui ne se sentent pas représentés par un parti régional ne peuvent se reconnaître que dans les Talibans.

Contrairement à l'Irak, l'intervention en Afghanistan n'a pas été une source de tensions entre les puissances occidentales et le passage de l'ISAF sous le commandement de l'OTAN ainsi que l'extension géographique de sa mission sont les signes de cette volonté de poursuivre ensemble l'action de terrain. Mais les Etats-Unis définissent seuls leur stratégie, axée prioritairement sur les opérations militaires alors que l'ISAF agit d'abord politiquement pour renforcer le gouvernement en stabilisant la situation à Kaboul. En outre, l'armée américaine instrumentalise les ONG qui apparaissent désormais comme les relais des gouvernements occidentaux qui les financent et sont prises pour cible par les Talibans.
La situation se dégrade progressivement et le seul moyen d'enrayer cette évolution et le retour des Talibans serait d'appuyer un rééquilibrage au sein du gouvernement de Kaboul afin que le pouvoir central s'étende à tout le territoire et contrôle les pouvoirs régionaux.
Si la guerre d'Afghanistan avait été perçue dans sa réalité, comme une entreprise dangereuse et complexe, il est probable que les Etats-Unis auraient hésité à ouvrir un second

---

[89] DORRONSORO (Gilles), « Afghanistan : chronique d'un échec annoncé », *Critique internationale n° 21*, octobre 2003, p. 17 et s.

front au Moyen Orient. Pourtant c'est bien cette illusion de victoire qui a encouragé le gouvernement à américain à intervenir en Irak où le constat n'est pas plus glorieux.

Le bourbier de l'après guerre irakien

L'illusion et l'euphorie de la « libération » de l'Irak furent de courte durée. En effet, rapidement les soldats des troupes américaines ont été perçus par la population comme une puissance occupante, n'ayant que peu de considération pour le pays et ses habitants.
Le militaire et le politique sont envisagés par les Etats-Unis comme deux champs d'actions séparés et il y a véritablement un problème d'articulation entre les deux. En effet, en Irak, on remarque une disproportion entre l'intervention militaire massive, rapide et même efficace, et les difficultés sur le terrain à mettre en œuvre la reconstruction civile et la démocratie souhaitée par Washington. De façon générale, dans le cadre de la guerre contre le terrorisme, il y a une rupture du respect des droits de l'Homme et des libertés fondamentales, alors que c'est précisément et officiellement pour cette raison que les Etats-Unis ont renversé le régime de Saddam Hussein.
Or aujourd'hui encore, au lendemain des élections législatives du 30 janvier 2005, la situation en Irak reste chaotique, les violences s'intensifient et les attentats se multiplient. Pourtant, malgré les attaques qui ont pris pour cible les partis politiques, leurs candidats ainsi que les bureaux de vote et les menaces du groupe de l'islamiste jordanien Abou Moussab Al-Zarkaoui à l'encontre de la

population irakienne, cette dernière s'est massivement déplacée aux urnes[90].

Ainsi, face aux dangers de la guerre préventive et à l'incapacité à assurer l'après guerre en mettant en place la reconstruction civile, la puissance militaire perturbe la stabilité internationale sans contre partie car il n'y a pas d'engagement politique et civil sur le terrain.

B. La force du droit international

1) Impact des guerres asymétriques sur l'avenir de l'occident

Les guerres asymétriques

La guerre asymétrique n'est pas un phénomène nouveau, elle s'est accrue pendant la guerre froide, l'arme nucléaire et l'existence de l'OTAN limitant les risques d'affrontements directs entre les deux blocs ; et a connu un essor particulier ces dernières années, mis en lumière par les attentats terroristes du 11 septembre.
L'asymétrie consiste en l'utilisation d'une quelconque différence pour obtenir un avantage par rapport à l'adversaire.
Il peut par exemple s'agir de l'utilisation de moyens non militaires pour obtenir un avantage militaire en exploitant les faiblesses de l'autre. Les armées régulières pourraient donc avoir à faire face dans l'avenir à des ennemis non-étatiques, organisés en réseaux plutôt que de façon hiérarchique.

---

[90] BÔLE RICHARD (Michel), « Les irakiens ont défiés par les urnes les menaces terroristes », *Le Monde*, 01.02.2005

La stratégie américaine privilégie ainsi une résolution courte des conflits armés. Selon Steven Metz[91], cela s'explique par le fait que « les responsables politiques pensent que le soutien du Congrès ou de l'opinion publique au recours à la force, dans des situations qui ne touchent pas directement les intérêts essentiels du pays, ne peut être que de courte durée. En outre, nombre d'armes ou de systèmes sophistiqués utilisés par l'armée américaine n'existent qu'en quantité limitée » et enfin, « l'enlisement des Etats-Unis dans un conflit prolongé pourrait inciter d'autres ennemis à l'agression, ces derniers jouant de la dispersion des moyens américains. Leur supériorité en termes de mobilité stratégique donne donc aux Etats-Unis une capacité de « victoire rapide », qui reste leur mode opérationnel privilégié ». Mais les ennemis des forces armées américaines feront en sorte de faire durer le conflit, afin d'affaiblir la puissance américaine qui n'a pas les moyens de répondre aux mouvements de guérillas.

L'asymétrie peut être positive (utiliser et valoriser une supériorité existante) ou négative (user des différence pour exploiter les faiblesses de l'adversaire). Elle est généralement utilisée sur le court terme car nombre de manœuvres asymétriques naissent du désespoir et ne sont efficaces, si tant est qu'elles le soient, que dans un temps limité. L'asymétrie peut être soit isolée, soit combinée avec des

---

[91] Steven Metz est directeur de recherche et chef du Regional Strategy and Planning Department in US Army College Strategic Studies Institutes. Cf. propos traduits par Chloé Marien Casey, « La guerre assymétrique et l'avenir de l'occident », *Politique étrangère 1/2003*, pp. 25/40

techniques symétriques (moyens militaires traditionnels) pour ceux qui en ont les moyens.

Si par le passé, la plupart des conflits asymétriques résultaient du fait que les acteurs utilisaient des méthodes qui leur étaient familières, aujourd'hui, ils sont le résultat d'un choix délibéré. Ceci est vrai aussi bien pour les actes du réseau Al Qaida ou des rebelles Tchétchènes, que pour l'asymétrie positive[92] dont profitent les Etats-Unis et d'autres Etats occidentaux du fait de leur avancée technologique.

Un échec annoncé pour l'occident

Aujourd'hui le monde se divise, dans l'ère de la mondialisation et de l'information, entre les nations qui peuvent s'adapter et celles qui ne le peuvent ou ne le veulent pas, du fait de freins culturels ou de choix politiques et économiques.

Les Etats-Unis n'ont jamais cessé d'investir pour accroître l'efficacité de leur système de défense et de leur armée. Mais en se consacrant essentiellement à la lutte contre les attaques de type classique, les Etats-Unis et leurs alliés les ont rendues peu probables et à l'inverse se sont rendus vulnérables aux nouvelles formes d'attaques.

Si ils veulent conserver leur statut de première puissance mondiale et surtout si ils veulent assurer la stabilité internationale, il leur faudra sérieusement prendre en compte la menace asymétrique. En effet, face à cette dernière, la

---

[92] Sur le concept d'asymétrie positive, cf. METZ (Steven), « Strategic Asymmetry », *Military Review*, vol. 81, n°4, juillet/août 2001, p. 25 et LAPIN (T.), « Positive Asymmetry », *New York Times Magazine*, 09.12.2001

puissance militaire traditionnelle a déjà montré ses limites et il serait irresponsable de continuer à s'engager dans un renforcement militaire.

La caractéristique des guerres asymétriques est précisément qu'elles cherchent à déplacer l'affrontement vers une logique où la force militaire classique n'est pas le facteur décisif. Il s'agit donc de ne pas se tromper de réponse. Selon Steven Metz, la première des menaces qui pèse sur l'occident dans l'avenir est l'utilisation de méthodes terroristes par un adversaire non étatique, d'autant que les technologies de l'information ont démultiplié l'impact du terrorisme en permettant aux réseaux de planifier et de coordonner leurs actions.

Paradoxalement, les armées occidentales ne sont pas les plus efficaces contre les principales menaces asymétriques, alors que c'est justement leur efficacité en matière de guerre conventionnelle qui a poussé leurs adversaires à privilégier l'asymétrie.

L'ère de l'asymétrie appelle donc la création d'un nouveau cadre normatif et juridique et il semble que l'ONU ait ici un rôle à jouer, notamment pour éviter la dispersion des réactions au phénomène des guerres asymétriques.

2) Le rôle dévolu à l'ONU

L'ONU après la Seconde Guerre mondiale se voulait être la garante de la paix et de la stabilité internationales. Les particularismes étatiques, les nouveaux enjeux et les nouveaux acteurs apparus sur la scène internationale ont rendu sa tache difficile et elle s'est rapidement révélée insuffisante. Néanmoins, elle joue un rôle prépondérant : celui de garde fous.

Les barrières fixées par l'ONU

Les Etats souverains ont la possibilité d'adapter leurs lois en fonctions de leurs priorités nationales, et pour légitimer ces changements, ils se retranchent souvent derrière la nécessité de protéger les intérêts nationaux. Ainsi par exemple, dans le cadre de la guerre contre le terrorisme, les Etats-Unis ont reconsidéré leur conception des libertés publiques. Alors que certains Etats d'Europe notamment, s'étaient déjà engagés dans un processus de lutte antiterroriste, les Etats-Unis n'ont commencé à débattre véritablement de la question qu'après le 11 septembre 2001. Dès lors, selon l'administration Bush, la logique antiterroriste légitimait certaines mesures liberticides, certaines formes de discrimination ethnique et d'intrusion dans la vie privée, pour la plupart d'ailleurs largement acceptées par la population. Mais jusqu'à quel point un Etat peut restreindre les libertés publiques au nom de la sécurité intérieure du pays ?
C'est dans ce cadre que l'ONU doit jouer son rôle et il est important que des conventions internationales continuent d'exister afin d'encadrer le champ d'action des Etats et de fixer des limites aux souverainetés nationales.
En outre, si les Etats-Unis veulent voir leur position dominante acceptée à long terme par la communauté internationale, ils doivent tenir compte des institutions et du droit international. Il s'agit de ce que Joseph Nye appelle

« the paradox of american power »[93], ce paradoxe est la combinaison d'une position dominante et d'une coopération obligée sur la scène internationale. En effet, les nations comme les Etats-Unis, qui peuvent enfreindre les règles de droit international sans encourir de sanctions, perdraient en prestige et en influence si elles renonçaient à la légitimation de leurs actions par le droit international.

La mutation du droit international

Certes les évènements récents soulignent tragiquement l'absence d'un véritable ordre juridique mondial, le système de sécurité collective de la Charte des Nations Unies a montré sa fragilité et le droit n'a pas su empêcher le recours à la force. Mais aucun Etat, fut-il le plus puissant, ne saurait durablement s'affranchir du cadre de la légalité internationale.
Le problème inhérent au droit international repose sur le manque de cohérence entre l'ONU et les organisations spécialisées. La dispersion est telle que l'efficacité semble inversement proportionnelle au nombre. Une contradiction apparaît entre l'internationalisation éthique, qui suppose le soutien actif des Etats, et la globalisation économique, qui se traduit souvent par leur impuissance.

S'il est vrai que la prolifération de textes législatifs internationaux concerne en premier lieu des textes modificatifs, il reste que le nombre de règles juridiques ne cesse d'augmenter et que le droit international est de plus en

---

[93] NYE (J.S), *The Paradox of American Power. Why the world's Only Superpower Can't Go It Alone*, Oxford, Oxford University Press, 2002

plus souvent invoqué devant les juridictions nationales. De même, si les nombreuses conventions adoptées par l'ONU en matière de droits de l'Homme notamment, sont plus impressionnantes en nombre qu'en effets visibles, elles ont donné un nouveau dynamisme au droit international dans un contexte de globalisation mondiale. Ce constat conduit Mireille Delmas-Marty à penser qu'il s'agit plus d'une « mutation de la conception même de l'ordre juridique », que d'une défaite du droit[94].

Cette mutation, engrangée par la pratique, doit dès lors s'accompagner d'une réforme de fond du système international des Nations Unies. Le cadre onusien est nécessaire et essentiel à la sauvegarde de l'équilibre mondial, mais il doit s'adapter aux évolutions internationales afin de conserver une crédibilité aujourd'hui remise en cause.

---

[94] DELMAS-MARTY (Mireille), « Du désordre mondial à la force du droit international », *Le Monde*, 22.03.2003

CHAPITRE III

La nécessaire réforme de l'Organisation des Nations Unies

Souvent qualifiée de « tigre de papier », l'ONU apparaît désormais comme une instance internationale dépassée par ses ambitions et par les Etats qui la composent. L'organisation est peu à peu tombée en désuétude, se révélant inefficace dans la sauvegarde de la paix et de la sécurité internationales, cela encore plus depuis la rupture de l'ordre bipolaire dans les années 1990. Si bien que le thème de la réforme de l'ONU est à l'ordre du jour depuis plus de dix ans, sans pour autant arriver à s'imposer, les divergences sur la questions étant trop importantes.

Néanmoins, la question de la réforme de l'ONU se pose de toutes façons car il serait insupportable de n'avoir le choix qu'entre le *statu quo* avec toutes ses insuffisances et l'unilatéralisme « façon Bush ». Pour répondre à de tels enjeux, la réforme des Nations Unies devra être d'envergure, profonde et ambitieuse.

I. Les enjeux de la réforme

Voilà presque dix ans que la réforme du Conseil de sécurité est à l'ordre du jour de l'Assemblée générale, et pourtant, rien n'a changé. De nombreuses propositions ont été présentées, mais sont restées depuis sur la table des négociations.

En septembre 2000, les chefs d'Etats et de gouvernements, réunis à l'occasion du Sommet du Millénium appelaient une nouvelle fois de leurs vœux une « réforme rapide du Conseil de sécurité et son élargissement afin d'accroître sa représentativité, son efficacité et sa légitimité aux yeux de tous dans le monde ».

Kofi Annan lui-même a parlé de la réforme des Nations Unies dans son rapport annuel de 2003 et a mandaté une commission internationale pour étudier les obstacles à une telle réforme[95].

Celle-ci apparaît donc nécessaire au regard de l'obsolescence des Nations Unies et de la nécessité de redéfinir un système de sécurité mondial.

A. L'obsolescence des Nations Unies

Au cours des dix dernières années, l'ONU a été de plus en plus discréditée, son impuissance révélée au grand jour à chaque nouvelle crise. Les fondements mêmes de l'organisation sont aujourd'hui désuets et l'ONU est trop dépendante de ses membres pour être efficace.

---

[95] A l'occasion de la 58ᵉ session de l'Assemblée Générale des Nations Unies, Kofi Annan chargeait un groupe de seize personnalités « de haut niveau », d'examiner les obstacles actuels à la paix et à la sécurité, d'envisager comment des mesures collectives peuvent contribuer à surmonter ces obstacles, d'examiner le fonctionnement des organes de l'ONU et les relations entre eux et faire des recommandations sur les moyens de renforcer l'ONU par la réforme de ses institutions et procédures. En novembre 2004, le Secrétaire général nommait les membres de ce groupe sous la présidence de l'ancien Premier Ministre de la Thaïlande, M. Anand Panyarachun.

1) Les fondements de l'ONU remis en questions

Une organisation fondée sur le contexte international de 1945

L'ONU est née après la Seconde Guerre mondiale à l'initiative du président américain Roosevelt. succédant à la SDN, elle avait pour objectif d'assurer la paix et la stabilité internationales et sa création reposait sur plusieurs principes : les Etats membres étaient souverains et égaux, leur souveraineté s'exerçait pleinement sur le territoire national, les gouvernements des Etats étaient les seuls habilités et reconnus et aucune loi ne pouvait être promulguée sans l'accord d'un Etat.
L'article 23 de la Charte désigne les cinq membres permanents du Conseil, qui sont en fait les grands vainqueurs de 1945 : la Chine, les Etats-Unis, la France, la Grande Bretagne et la Russie.

Cette composition du Conseil de sécurité ne reflète plus les réalités actuelles de la communauté mondiale. Pourtant, force est de constater que l'ONU est restée inchangée dans ses structures et ses modes de fonctionnement depuis 50 ans, alors que le contexte international est fort différent et que la donne géopolitique mondiale a été bouleversée à la fin de la guerre froide. Cette constatation a contribué à remettre en cause la légitimité du Conseil de sécurité.

La légitimité du Conseil contestée

Au titre du chapitre VII de la Charte, le Conseil de sécurité est la seule instance internationale qui puisse légaliser et légitimer le recours à la force armée. Mais

l'augmentation des interventions multinationales menées sur autorité ou avec le blanc-seing du Conseil a accentué l'idée que celui-ci n'était plus un passage obligé pour les actions armées.
La principale critique concernant le Conseil de sécurité tient à sa composition qui repose sur un principe d'efficacité mais n'assure pas une représentativité de la communauté internationale. Le principe même du Conseil, composé de membres permanents détenteurs d'un droit de veto est directement issu de l'analyse faite par les américains, les britanniques et les soviétiques, des causes de l'échec de la SDN, et ce, avant même la fin de la Seconde Guerre mondiale.

Mais aujourd'hui, la communauté internationale doit faire face à de nouveaux défis, de nouveaux enjeux auxquels le Conseil n'est pas préparé. En effet, sur fond de mondialisation, de nouveaux acteurs non étatiques ont fait leur apparition sur la scène internationale : ONG, multinationales et d'autre part, dans un autre registre, les réseaux terroristes.

En outre le Conseil de sécurité n'a pas les moyens d'assurer l'exécution de ses décisions, et l'effectivité des actions de l'ONU dépend en définitive de la bonne volonté de ses membres.

2) L'ONU dépendante de ses membres

L'ONU n'a aucune réalité en dehors de ses Etats membres ; elle tire sa force et son efficacité du soutien actif des Etats membres et des principes qui guident leurs actions. Les Etats sont donc la force mais aussi la faiblesse de l'organisation : sa force quand ils lui donnent les moyens d'agir et sa faiblesses quand ils bloquent ses décisions ou lui retirent ces moyens.

La dépendance dans la prise de décisions

En principe, le Conseil de sécurité prend des décisions qui s'imposent à tous (article 24 de la Charte), au nom de l'ensemble des Etats membres (article 24§1), pour tout ce qui touche au maintien de la paix et à la sécurité internationale.
Mais la capacité de décider du Conseil dépend en réalité de la capacité de ses membres à forger un consensus. Or le droit de veto octroyé aux cinq membres permanents constitue une véritable entrave à la capacité de décision du Conseil, qui se trouve hors d'état d'intervenir dès lors que son action ne conviendrait pas à un membre permanent, quelles que soient par ailleurs les menaces ou les atteintes à la sécurité internationale.

Les Etats qui disposent du droit de veto peuvent donc rester en marge de la Charte et de ce fait, si le Conseil n'a aucun moyen de passer outre le veto d'un de ses membres permanents, à l'inverse ceux-ci peuvent se démarquer de la position commune du Conseil. Tel a été le cas lorsque les

Etats-Unis et la Grande Bretagne ont décidé d'intervenir en Irak.

En définitive, le droit de veto affirme la suprématie de quelques intérêts nationaux sur l'ensemble, dans la mesure où il n'en est pas fait usage pour le bien de la communauté internationale, mais au regard des intérêts de ses détenteurs. L'ONU ne peut donc agir quand les intérêts des grandes puissances sont en jeu, d'où son incapacité à traiter par exemple de la Corée du Nord ou encore de la Tchétchénie.
Ce que les Etats consentent à donner à l'ONU est fonction de leur perception de l'utilité de ses actions, et cela est illustré par les moyens militaires mis à la disposition de l'organisation par ses Etats membres.

Des opérations tributaires de moyens accordés par les Etats

Le Conseil ne dispose pas de ses propres instruments d'action, et doit s'en remettre aux Etats pour faire appliquer les mesures coercitives. En effet, l'ONU ne dispose pas d'une force militaire permanente, alors qu'elle aurait besoin d'une procédure de déploiement rapide, les premières semaines qui suivent un accord de paix ou un cessez le feu étant souvent déterminantes. L'article 43 de la Charte prévoyait pourtant une force d'intervention propre à l'ONU, mais celle-ci n'a jamais pu voir le jour à cause de la guerre froide.
Or dans l'après guerre froide, les acteurs du maintien de la paix, les casques bleus, se sont vus confier nombre de missions nouvelles eu égard, notamment, au caractère inédit des conflits dans cette période. Ces derniers sont en effet de plus en plus conduits non pas par des armées régulières mais

par des bandes plus ou moins organisées et contrôlées. Par ailleurs, ils affectent avant tout les populations civiles et se caractérisent souvent par l'effondrement des institutions de l'Etat, notamment de la police et de la justice, conduisant ainsi à la paralysie des pouvoirs publics.

Dans ces conditions, le maintien de la paix s'est vite révélé plus complexe, plus onéreux et plus dangereux que pendant la guerre froide où il s'agissait en fait de créer les conditions pour commencer à négocier. Les attentats du 11 septembre 2001 témoignent de cette réalité où l'agresseur n'est pas un Etat, où l'agression n'est pas une attaque militaire et où le théâtre des opérations n'est pas défini géographiquement.

Les opérations de maintien de la paix (OMP) demeurent la principale forme d'usage de la force décidée par l'ONU et aujourd'hui, celles-ci s'étendent aux conflits internes, aux guerres civiles ethniques ou religieuses. Mais, le déploiement des casques bleus peut se révéler inadapté selon les crises.
Pour remédier à cette carence, le rapport Brahimi[96] recommande une restructuration profonde du Département des opérations de maintien de la paix, le renforcement des moyens dont dispose le siège pour planifier les mission, la création d'une unité de gestion de l'informatique et d'analyse stratégique. Par ailleurs, il fait appel aux Etats pour contribuer à la création d'unités d'intervention permanentes et pour mettre en place une coopération plus étroite avec les

---

[96] *Rapport du groupe d'étude sur les opérations de paix de l'ONU*, sous la présidence de Lakhdar Brahimi, A/55/305 – S/2000/809, 21.08.2000

structures ou les organisations régionales, dans le cadre d'une décentralisation de la responsabilité des Nations Unies en terme de maintien de la paix et de la sécurité internationales. En outre, il met l'accent sur la nécessité « d'une doctrine ferme et de mandats réalistes » allant de paire avec le soutien stratégique des Etats et concernant la redéfinition du système de sécurité mondiale.

B. La définition d'un nouveau système de sécurité mondial

La définition et la conception du rôle de l'ONU sont indissociables de la conception de la sécurité à l'échelle mondiale. La définition d'un nouveau système mondial suppose donc de préparer le terrain notamment par une harmonisation des conceptions du rôle de l'ONU en matière de sécurité sur la scène internationale. Néanmoins, pour être efficace et avoir une chance de voir le jour, la réforme doit être réaliste.

1) Une nouvelle acception du rôle de l'ONU

L'un des défis majeurs pour l'ONU depuis la fin de la guerre froide consiste à contenir la puissance américaine sans se l'aliéner. Il semble qu'une harmonisation des conceptions du rôle qui revient à l'ONU soit un préalable indispensable à la réforme.

Le défi de limiter l'impact américain sur l'organisation

Les Etats-Unis se satisfont de la manière dont ils ont réussi à mettre l'organisation universelle au service de leur

politique. En effet, nous l'avons vu, dès le début des années 1990, l'administration Clinton utilise les Nations Unies au gré des intérêts américains. Ce dédain pour les Nations Unies s'est manifesté la première fois après le fiasco de Mogadiscio en 1993 et s'est par la suite répété à plusieurs reprises.
L'ONU est désormais dépossédée de la responsabilité collective que lui avait conféré la Charte dans son chapitre VII, et relayée à un rôle subordonné, de tutelle dans les pays dévastés où le conflit n'a pas pu être évité.
De façon schématique, la conception américaine d'un monde riche imposant sa culture et ses valeurs au reste de la planète, afin de conserver ses privilèges et de faire valoir ses intérêts, propose l'intégration des armées nationales de tous les membres des Nations Unies en une seule armée de « gendarmerie mondiale ».
La réforme de l'ONU apparaît pour certains comme une échappatoire à cette tutelle américaine, mais celle-ci suppose de négocier avec la superpuissance, ce qui n'est pas aisé.
Par ailleurs, on oppose souvent la conception hégémonique américaine à une conception démocratique européenne. Or, avant d'envisager une réforme, il semble nécessaire d'opérer un rapprochement entre ces deux conceptions.

L'harmonisation des conceptions du système de sécurité

Certains considèrent que la conception européenne est plus démocratique, plus coopérative et plus respectueuse de la souveraineté de chaque Etat et, qu'à ce titre, elle tend à une redistribution des richesses entre les peuples.
Mais une telle conception est loin d'être définie, cela sans compter que chaque Etat agit malgré tout en fonction de ses

intérêts propres et qu'il existe de multiples divisions au sein même de l'Union Européenne.
Certes, les Européens veulent globalement résister aux injonctions américaines, mais cela s'avère difficile dès lors qu'au sein même de l'Europe règne la confusion au sujet de l'ONU et que de nombreux Etats, parmi lesquels les nouveaux entrants dans l'Union Européenne, préfèrent se rallier aux Etats-Unis qu'ils perçoivent toujours comme garants de leur sécurité face à la Russie. Le conflit irakien n'a fait que mettre en exergue ces divisions.

Il serait donc judicieux d'atténuer l'opposition idéologique entre la conception hégémonique américaine et la conception démocratique et égalitaire qu'on attribue souvent à l'Europe, pour parvenir à un consensus, notamment au sein du Conseil de sécurité. Mais ni le seul usage de la force ou de la répression, ni les décisions démocratiques prises au sein du Conseil, ne suffiront à résoudre les crises et à faire respecter les droits de l'Homme.
En outre, il ne faut pas oublier que le monde se compose de plus de 200 Etats indépendants aux valeurs, aux cultures et aux intérêts divergents et que, de fait, la réforme des Nations Unies et du système de sécurité mondial ne doit pas se négocier uniquement entre américains, européens et membres permanents du Conseil de sécurité.

Il est important de garder à l'esprit qu'il existe des visions différentes des conditions qui permettront de réaliser progressivement une meilleure intégration de la société mondiale, et il serait malvenu de réduire la réforme et le système de sécurité mondial à la condition démocratique des Etats.

2) La nécessité d'une réforme réaliste

Le danger de la condition démocratique

L'une des questions centrales est de savoir si la réforme doit viser l'avènement d'une communauté internationale composée uniquement de démocraties ou si, plus modestement, elle doit se contenter de réformer l'enceinte où tous les Etats coexistent et coopèrent quel que soit leur degré d'avancement démocratique ?

Depuis la fin de la guerre froide, les Occidentaux considèrent que rien ne doit plus entraver la propagation de leurs valeurs, au premier rang desquelles la démocratie, et ils reprochent souvent à l'ONU la présence en son sein d'Etats voyous ou faillis. Les néo-conservateurs se sont allègrement servis de ce discrédit pour se dispenser de toute obligation multilatérale. En effet, certains pensent qu'il faudrait strictement respecter la démocratie et les droits de l'homme pour être membre permanent, pour participer aux opérations de maintien de la paix ou pour exercer des responsabilités. Cela correspond à l'idée américaine de « seuil démocratique », mais c'est aussi avoir une vision restreinte de la situation des droits de l'homme et des libertés publiques dans certains des Etats membres permanents actuels.

Selon ce raisonnement, la souveraineté devrait être caduque en cas de soutien à des mouvements terroristes, de détention d'armes de destruction massive, d'atteinte répétée aux droits de l'homme... Mais qui en jugerait ? Et qui sanctionnerait ces violations ?

D'autres, comme Hubert Védrine[97] pensent au contraire qu'il serait dangereux et arrogant de la part de l'occident de renoncer à ce qu'il y ait une organisation où toutes les nations du monde travailleraient ensemble. Que les démocraties s'organisent par ailleurs est très bien, mais elles ne peuvent transformer les vastes zones non démocratiques à leur image. Nous l'avons vu, la démocratie ne s'impose pas et doit nécessairement résulter d'un long processus interne.

La réflexion sur la réforme doit à l'évidence être ambitieuse mais néanmoins réaliste. Elle doit aboutir à un projet réalisable et non pas à une construction parfaite et utopique, reflet d'une humanité idéale, qui ne pourrait trouver aucune application concrète.
Il s'agit plus de rendre l'ONU efficace et plus représentative que de réunir les seules démocraties dans une organisation nouvelle et de poser des conditions strictes pour y appartenir. La réforme doit donc aller au-delà de la simple amélioration du fonctionnement et de la gestion du secrétariat, de la réforme de l'Assemblée générale et du Conseil de sécurité, pour toucher également aux structures de décision du système multilatéral. Elle ne doit pas viser à fabriquer des institutions idéales et parfaites, ni à rassembler les démocraties contre les autres régimes, mais plutôt à perfectionner l'enceinte au sein

---

[97] VEDRINE (Hubert), « Réflexions sur la réforme de l'ONU », Revue pouvoirs n°109, 2004, pp. 125/139

de laquelle tous les pays doivent pouvoir coexister et coopérer. En outre, elle doit s'articuler autour de valeurs communes qui seraient l'équivalent d'un ordre public international à l'image de ceux qui existent dans le cadre national.

La notion d'ordre public mondial

Il existe des valeurs dotées d'un statut juridique supérieur aux autres normes, notamment contractuelles, qui se retrouvent dans « l'ordre public ». Cette notion d'ordre public est connue dans le cadre national, mais elle devrait pouvoir être transposée au niveau international. A cet « ordre public démocratique et universel »[98] correspond un ensemble de règles impératives du droit international (coutume, jus cogens, principes généraux du droit international...) qui se veulent supérieures à toutes les autres et devraient entraîner la nullité des traités qui entrent en contradiction avec elles.
Certains considèrent qu'il faut véritablement donner corps à une règle fondamentale, celle de l'intérêt public universel et exiger qu'elle soit en toutes circonstances la norme de contrôle de l'usage de la force et des limites du marché.
Mais cette idée d'un ordre public mondial est mise en échec tant par l'irrespect de la Charte que par l'impunité pénale au niveau international. C'est pourquoi, le renforcement du rôle du juge international est essentiel, et il faut exiger que la compétence des tribunaux internationaux devienne

---

[98] CHEMILLIER-GENDREAU (Monique), « Contre l'ordre impérial, un ordre public démocratique et universel », *Le Monde diplomatique*, décembre 2002, pp. 22/23

obligatoire. En outre, l'utilisation de ce concept d'ordre public mondial ne doit pas être confiée à un organe comme le Conseil de sécurité qui ne répond pas aux critères de représentativité de la communauté internationale, du moins pas en l'état actuel de son fonctionnement.

Face aux nouveaux enjeux du XXIe siècle, l'ONU doit être réformée en profondeur.

II. Une réforme d'envergure

L'organe central des Nations Unies est le Conseil de sécurité. La réforme doit donc en premier lieu s'attacher à résoudre les lacunes et problèmes inhérents à ce dernier. Toutefois, la réforme ne doit pas se contenter d'un remaniement de la composition et des missions du Conseil, elle doit également s'opérer en profondeur dans tout le système onusien.

A. Le Conseil de sécurité au cœur de la réforme

La critique porte en premier lieu sur le nombre de membre du Conseil. Un organe de 15 membres ne pourrait donner une image exacte de la société internationale dans ses diverses composantes, il faudrait donc en remanier la composition. Mais, au-delà de la composition, il faudrait repenser le droit de veto, déterminant dans les orientations du Conseil.

1) Repenser la composition

Création de nouveaux sièges de membres permanents

Les cinq membres permanents ne représentent évidemment plus à eux seuls le monde de 2005, d'où la recherche de nouveaux membres permanents. Mais sur quels critères les choisir et dans quelles limites ? Les Etats les plus peuplés ? Les plus grands ? Les plus capables ?

Il semble qu'un certain consensus se soit dégagé pour que l'Allemagne et le Japon acquièrent la qualité de membre permanent du Conseil de sécurité, à une réserve près, celle des pays en développement qui sont peu enclins à creuser le déséquilibre au profit des pays industrialisés. Il serait donc judicieux de créer également trois nouveaux sièges de membres permanents attribués à trois grands ensembles géographiques en voie de développement : l'Afrique, l'Asie et l'Amérique Latine. Il reste cependant à identifier les Etats qui pourraient représenter ces ensembles.

Pour l'Asie, l'Inde est intéressée et citée le plus souvent, ce qui est contesté par le Pakistan ; pour l'Amérique latine, ce pourrait être le Brésil, mais il a contre lui d'être lusophone et le Mexique et l'Argentine y sont opposés ; enfin pour l'Afrique, sont évoqués l'Afrique du Sud, le Nigeria et l'Egypte. Mais dans ce dernier cas il semble impossible que l'Afrique dans son ensemble s'accorde pour être représentée soit par un pays d'Afrique noire, soit par un pays du monde arabe. Il faudrait alors un membre permanent supplémentaire.

Par ailleurs la candidature allemande représente pour certains un inconvénient car elle créerait une surreprésentation de l'Union Européenne au sein du Conseil avec trois voix. Cette contestation relève surtout des partisans d'un siège unique pour l'Union Européenne.

Mais cette hypothèse ne semble pas non plus opportune compte tenu de la difficulté de l'UE de s'exprimer d'une seule voix sur la scène internationale[99].

Comme alternative, Joachim Bitterlich, l'ancien conseiller du chancelier Kohl, fait à la France une proposition qui mérite d'être étudiée : la France garderait son siège et son veto, mais proposerait de mettre son vote à la disposition de l'Union Européenne si les Etats membres parvenaient à s'accorder dans un délai donné. A défaut, si cet accord n'était pas trouvé, la France déciderait seule de son vote.

Cette proposition présente l'intérêt d'intégrer l'UE au processus décisionnel de l'ONU et, au pire de conserver le *statu quo* du siège de la France.

L'impact croissant du rôle des membres non permanents

Aujourd'hui, pour qu'une résolution soit adoptée, elle doit obtenir au moins 9 des 15 voix des membres non permanents, et bien sur, ne faire l'objet d'aucun veto de la part des membres permanents.

L'augmentation du nombre de voix requises pour l'adoption d'une résolution par le Conseil de sécurité permettrait de

---

[99] Si la Constitution européenne est adoptée, l'Union Européenne bénéficiera d'une seule représentation de politique étrangère sur la scène internationale. Toutefois, la défense a vocation à rester un domaine réservé des Etats, qui décideront de leur implication sur le plan militaire et des moyens mis à la disposition du Conseil de sécurité des Nations Unies, notamment dans les opérations de maintien de la paix.

renforcer le poids des membres non permanents en leur donnant la possibilité d'user d'une sorte de veto collectif, qui permettrait d'éviter qu'un seul Etat puisse, comme actuellement, bloquer le processus décisionnel.

Par ailleurs, il est proposé d'augmenter le nombre de membres non permanents pour accroître la représentativité du Conseil. Cependant, cette augmentation peut présenter certains inconvénients : d'une part tous les Etats n'ont pas envie de participer activement à la solution de problèmes difficiles ce qui, de surcroît pourraient les exposer à la pression des plus puissants, et d'autre part, plus nombreux sont les membres et plus difficile et aléatoire est la prise de décision.

L'important est surtout de repenser l'usage du droit de veto qui à lui seul peut paralyser l'intégralité du processus décisionnel de l'ONU.

2) Encadrer l'usage du droit de veto

L'impossible suppression du droit de veto

On a souvent reproché le caractère antidémocratique du droit de veto dans le contexte d'une organisation fondée sur l'égalité souveraine entre ses Etats membres.

Le Conseil de sécurité a été fondé plus sur un principe d'efficacité que sur le principe de la représentativité, mais comment accepter cette prérogative exorbitante reconnue aux seuls membres permanents, qui fait finalement du Conseil leur otage, en les plaçant au dessus de la Charte ?

La suppression de ce droit a été réclamée par certains pays du Sud, par des pays jaloux ou par les partisans du droit d'ingérence. Mais, la suppression du droit de veto, au-delà de la question de son opportunité, est inenvisageable. En effet, il n'y a aucune chance pour que les Etats qui en disposent n'acceptent d'abandonner ce droit et aucune réforme ne peut avoir lieu contre eux.

Il s'agit donc plutôt de repenser l'usage du droit de veto afin qu'il ne bénéficie pas qu'aux membres permanents.

Restriction du droit de veto dans le cadre des interventions humanitaires

L'ingérence humanitaire, concept développé dans les années 1970 par Bernard Kouchner et objet de nombreuses controverses, est à l'évidence un moyen pour les puissants de légitimer leur intervention sur le territoire d'un autre Etat. Elle est un prolongement de la géopolitique mondiale avec ses rapports de forces et ses influences. En pratique, on sait bien qui entend s'ingérer (les occidentaux) et où (au Sud).

Néanmoins, il faut saluer le principe fondateur de l'ingérence humanitaire : le refus de passivité face aux massacres et à la souffrance des populations civiles. Dès lors, comment définir le droit d'ingérence pour qu'il ne puisse pas être invoqué par n'importe quel pays arguant de son bon droit et affirmant l'urgence d'une guerre préventive ?

Hubert Védrine, lorsqu'il était ministre des Affaires étrangères, avait proposé de confier au Conseil de sécurité le droit d'intervenir en cas d'urgence humanitaire[100]. Dans le cadre de cette réforme, il s'agissait pour les membres permanents, nouveaux comme anciens, de renoncer

---

[100]Op. cit. p.87

solennellement à faire usage de leur droit de veto pour empêcher le Conseil de sécurité de se saisir du sort d'une population en péril imminent et de prendre toutes les mesures pour lui venir en aide. Rien n'interdirait au Conseil de sécurité, en principe sans qu'il y ait besoin de réformer la Charte, de qualifier de « menace à la paix » au titre du chapitre VII, une tragédie humanitaire ou politique en invoquant ses articles 1er, 2 et 55.

Mais cette proposition soulève la question de savoir qui déciderait que telle ou telle population est en péril ?

Certains auteurs ont alors proposé de confier cette responsabilité à une instance indépendante d'évaluation des situations humanitaires qui pourrait être composée de personnalités internationales (directeurs d'organisations internationales, d'ONG, de chefs religieux, d'intellectuels...).

Une telle initiative aurait le mérite de s'émanciper de la tutelle des Etats et de parvenir à des solutions globales dans l'intérêt général. En outre, si l'on parvient à clarifier les règles encadrant le droit d'ingérence, la souveraineté ne sera pas remise en cause mais les abus en seront limités.

En définitive, la mise en œuvre de cette proposition légitimerait l'ingérence en la canalisant et en la protégeant de l'instrumentalisation que pourraient en faire les Etats en fonction de leurs intérêts.

D'autres propositions ont été faites pour encadrer l'usage de ce droit : que le veto de deux pays soit requis pour être effectif, que le nombre de veto dans une période donnée soit limité...

Enfin, le Groupe de personnalités de haut niveau sur les menaces, les défis et les changements, dans son rapport publié le 2 décembre 2004[101], souscrit au principe de l'obligation de protéger les populations civiles contre la violence. Cette responsabilité incombe en premier lieu aux autorités de chaque pays, mais en cas de défaillance, la communauté internationale à quant à elle le devoir d'intervenir dans le cadre de missions humanitaires ou d'observation, par des pressions diplomatiques et au besoin, en dernier recours, par la force. Cette proposition ouvre une brèche vers la légitimation du devoir d'ingérence et laisse d'ores et déjà la place à un vif débat.

De tels changements seraient opportuns, mais l'éventualité de leur réalisation est une nouvelle fois restreinte.

En outre, La réforme du Conseil de sécurité doit nécessairement s'accompagner d'une refonte de fond du système des Nations Unies.

B. La refonte globale du système des Nations Unies

Il ne faudrait pas réduire la réforme des Nations Unies à la seule réforme du Conseil de sécurité. Dans le même temps, il faut envisager une réforme plus globale, couvrant notamment

---

[101] Rapport du Groupe de personnalités de haut niveau sur les menaces, les défis et le changement, « Un monde plus sûr : notre affaire à tous », décembre 2004. Ce groupe propose une approche nouvelle de la sécurité collective au XXIe siècle, définit les nouvelles menaces, les mesures de prévention ou d'action dont doit se doter l'ONU ainsi que la réforme des institutions. Ces propositions devraient être examinées par les Etats membres en 2005.
www.un.org/french/secureworld

la bureaucratie, les moyens de l'ONU ou encore son rôle en matière de développement économique et social.

1) Au-delà du Conseil

Le remaniement des organes et institutions des Nations Unies

Une réforme de fond est donc nécessaire et elle semble ne pas être possible sans une refonte de la bureaucratie de l'ONU. En outre la coordination et la coopération entre les différentes institutions et agences des Nations Unies sont imparfaites. En effet, les mêmes problèmes sont abordés de façon contradictoire dans les différentes enceintes, tandis que d'autres ne sont jamais traités. C'est pourquoi certains proposent de réduire le nombre de fonctionnaires pour diminuer les coûts et les doublons dans les fonctions administratives afin d'assurer une meilleure coordination au travers de l'utilisation des technologies de l'information et de la communication.

D'autres proposent encore de créer une seconde chambre aux côtés de l'Assemblée générale, qui serait consultative, avec des représentants de la société civile. Il s'agirait en quelque sorte d'un sénat mondial, mais là encore, quelles en seraient les modalités et où seraient les contre-pouvoirs ?

Au-delà de l'amélioration des méthodes de travail et de la transparence du processus de décision du Conseil, il faudrait créer des organes subsidiaires l'aidant à gérer les crises (centre de prévention des conflits), de la prospective (cellule prospective), de la gestion militaire (cellule de conseil militaire) ou encore aspect économique des conflits (conseil de sécurité économique). Le groupe de 16 personnalités préconise notamment la création d'une Commission de consolidation de la paix qui s'intéresserait principalement aux pays sortant d'un conflit, la création d'une instance hors ONU qui réunirait les chefs d'Etat des 20 plus grands pays afin de favoriser des politiques monétaires, commerciales et de développement cohérentes au niveau international. Enfin, outre le renforcement des pouvoirs du Secrétaire général des Nations Unies, ce dernier devrait être assisté d'un Vice - Secrétaire général, en mesure de superviser les actions de l'Organisation.

Certains organes ou institutions auraient donc vocation à régir un certain domaine, à l'image d'un conseil économique et social pour favoriser le développement.

La réforme des Nations Unies dans le développement économique et social

Depuis le Sommet de Rio en 1992 jusqu'au Sommet de Monterrey en 2002, les pays en développement ont réclamé que les pays riches consacrent 0,7% de leur budgets nationaux à l'aide au développement international et à cette fin, ils prônent un renforcement du Conseil économique et social. Certains proposent d'accroître le rôle des ONG dans la politique de l'ONU ou de renforcer la mission d'institutions telles que la Conférence des Nations Unies sur le Commerce et le Développement (CNUCED). Celle-ci devrait se transformer en un parlement mondial de la globalisation aux fins d'éviter les conséquences socio-économiques désastreuses des mesures imposées par les institutions financières internationales. Mais tant que la Banque mondiale et le Fond Monétaire International (FMI) auront un pouvoir hors de proportion avec celui de l'ONU dans ces domaines, l'ONU continuera à être marginalisée en dépit de toutes les réformes concernant son rôle dans le développement économique et social. En définitive, la réforme de l'ONU devrait donc s'accompagner de la réforme des institutions financières.

Dans les institutions de Bretton Woods (FMI et Banque mondiale), le poids des Etats-Unis est là aussi excessif compte tenu de ce que représente aujourd'hui l'économie américaine dans l'économie mondiale. De plus, ces institutions sont localisées à Washington et sont sous l'influence idéologique américaine.

Les avis sont divergents quant à l'éventuelle suppression de l'Organisation Mondiale du Commerce (OMC), mais comme celle-ci est improbable, il vaudrait mieux envisager de l'aménager afin qu'elle prenne davantage en considération les normes sociales et environnementales. Toutefois, cela présente le risque d'accroître les pouvoirs de l'Organe de règlement des différends (ORD) de l'OMC, motivé par des considérations commerciales et libérales.

Dès lors, d'autres propositions ont vu le jour, par exemple renforcer l'Organisation Internationale du Travail (OIT) et créer une organisation mondiale de l'environnement.

En outre, pour ne pas laisser aux seuls marchés ou aux ministres des Finances les plus influents toutes les décisions concernant l'économie mondiale, on pourrait confier un rôle à l'ONU dans les domaines actuellement réservés au G8.

Cela a conduit entre autre Jacques Delors à proposer il y a près de dix ans, la création d'un Conseil économique et social qui combinerait Conseil de sécurité, G8 élargi, Comité intérimaire du FMI et quelques autres grands pays émergents et géographiquement diversifiés. Toutefois, le rôle et les missions d'un tel Conseil restent à définir.

2) Les obstacles à la réforme

Il semble que quels que soient le nombre et le genre des propositions, les institutions multilatérales ne peuvent que refléter, en tentant de le codifier et de l'encadrer, le monde réel, avec ses rapports de force ; tant militaires qu'économiques ; sans pouvoir les abolir. Une vraie réforme en profondeur parait aujourd'hui difficile à mettre en œuvre, tant du fait des réticences des membres permanents actuels que de la différence de perception et d'intérêts des pays riches et des pays émergents ou en développement.

La fracture Nord/Sud

L'un des obstacles à la réforme des Nations Unies tient à la différence de perceptions de celle-ci entre le Nord et le Sud et à la diversité d'intérêts entre les pays riches et les pays pauvres.

Les pays riches ont tendance à considérer l'ONU comme le prolongement de leurs politiques étrangères tandis que les pays en développement réclament sur un autre plan la démocratisation de l'ONU et la prise en compte de leurs propres attentes pour le développement et l'assistance.

Concernant les réformes bureaucratiques et de budget, les nations riches les perçoivent comme une coupe dans les dépenses, un coups d'arrêt aux gaspillages et une économie d'échelle, tandis que pour les Nations pauvres, celles-ci apparaissent comme un prétexte pour réduire l'activité des Etats-Unis en ce qu'elle pouvait servir les intérêts du Tiers-monde. C'est ainsi qu'a été ressenti, lorsque Boutros Boutros-Ghali était Secrétaire Général, la création du département des affaires politiques de l'ONU qui regroupait six anciens départements : les affaires du Conseil de sécurité, les questions de politiques sociales (qui à l'origine était en charge de la décolonisation), les affaires de l'Assemblée générale, le désarmement et la recherche et le centre anti-apartheid.

Par ailleurs, le fossé Nord/ Sud rend la réforme du rôle des Nations Unies dans le développement économique et social délicate. En effet, les pays en développement insistent sur l'extension des programmes de développement économique et social, alors que les pays riches ne voient qu'un intérêt limité à ce genre d'activités dans le cadre de l'ONU et préfèrent à cette fin soutenir des organismes qu'ils contrôlent, tels le FMI, la Banque mondiale ou encore l'OMC.

Mais quand bien même les négociations aboutiraient à un consensus global sur la réforme des Nations Unies, celle-ci serait difficile à mettre en œuvre, principalement du fait du refus probable des membres permanents de renoncer à ce privilège qu'est le droit de veto.

Le monopole des membres permanents

Le consentement des cinq membres permanents qui bénéficient du droit de veto sera nécessaire pour un quelconque remaniement du système onusien. Or il s'agit là d'un cercle vicieux. Nous avons vu que la principale réforme tenait à repenser le Conseil de sécurité et notamment cette prérogative exorbitante du droit de veto. Il n'y a cependant presque aucune chance pour que les membres permanents acceptent de faire une concession sur ce point, ce qui leur enlèverait le monopole décisionnel au sein de l'ONU.
Dès lors, la réforme du Conseil de sécurité apparaît largement bloquée, et celle de l'ensemble des Nations Unies avec elle.
L'ONU sera-t-elle contrainte de rester l'instrument de légitimation des actions personnelles des Etats les plus puissants ?

A l'heure actuelle et depuis des années déjà, le sujet brûlant de la réforme des Nations Unies n'avance pas malgré les multiples propositions et force est de constater qu'une quelconque réforme semble hors de portée.

Le bilan est à l'évidence négatif et les perspectives d'avenir du droit international sont indéniablement limitées. Mais s'il y a peu de chances pour que les Etats-Unis principalement, acceptent un jour une réforme qui amenuiserait leur pouvoir au sein de l'ONU, certains optimistes continuent à penser que « les partisans de la réforme [...] doivent rester mobilisés et redoubler d'efforts pour promouvoir [...] les conditions politiques qui aboutiront à une réforme en profondeur des Nations Unies » et permettront de « mettre en place un gouvernement global et démocratique au sein du système onusien ». Ils veulent croire que les Etats-Unis, qui ont vu naître sur leur sol le président Wilson - père de la SDN - et le président Roosevelt – père des Nations Unies – sauront donner le jour à un homme « riche de la volonté de créer une Organisation des Nations Unies apte à répondre aux besoins de l'Humanité, d'encourager un dialogue Nord-Sud renouvelé et de créer les conditions pour la démocratisation de la mondialisation avant que la mondialisation ne dénature la démocratie »[102].

---

[102] BOUTROS-GHALI (Boutros), « Peut-on réformer les Nations Unies ?», *Revue pouvoirs n° 109*, 2004, pp. 5/13

CONCLUSION

Le terrorisme est un phénomène, or il est difficile de livrer une guerre contre un phénomène. C'est pourtant à cette tache de grande ampleur que l'administration Bush s'est attelée aux lendemains des attentats du 11 septembre 2001. Les règles de droit international, encadrant de manière traditionnelle le combat entre parties identifiables à un conflit, se sont alors révélées insuffisantes et inefficaces pour répondre aux nouveaux enjeux des relations internationales.

Face à ces lacunes du droit international, les Etats-Unis ont préféré agir seuls, tantôt interprétant de manière extensive certaines des dispositions de la Charte des Nations Unies pour légitimer leurs actions, tantôt violant délibérément les règles existantes qui auraient pu trouver application, telles les Conventions de Genève relatives au droit des conflits armés, malgré la dimension nouvelle de ces conflits.

L'objet de cet ouvrage était précisément de montrer, par une analyse juridique objective, comment les Etats-Unis avaient outrepassé les règles existantes dans le cadre de la guerre contre le terrorisme. En effet, s'interroger sur la place et le rôle des Etats-Unis sur la scène internationale aujourd'hui, permet d'évaluer la capacité de l'ONU à encadrer les relations internationales dans l'avenir. L'avenir du droit international ne peut s'appréhender qu'en tenant compte des Etats-Unis, ces derniers étant à ce jour les seuls à pouvoir imposer un ordre mondial à leur image et force est de constater que c'est ce qu'ils tentent de faire.

Pourtant, à la question de savoir si la guerre contre le terrorisme a sonné le glas du droit international, laissant place à un système mondial calqué sur le modèle interne américain, la réponse semble être négative ; les Etats-Unis ne pouvant persister dans l'unilatéralisme sans le soutien de la communauté et de l'opinion publique mondiales.

Néanmoins, le bilan et les perspectives d'avenir du droit international sont globalement négatifs, compte tenu du mode de fonctionnement actuel de la société internationale, tant dans ses rapports de force, qu'au sein même de l'ONU. Dans les deux cas, les Etats-Unis occupent une place prépondérante et ont les moyens de poser les règles du jeu, parfois au détriment des règles de droit existantes.

En définitive, si la survie d'un cadre juridique international est indispensable, notamment pour limiter et encadrer les ambitions individuelles des Etats, celui-ci ne peut demeurer dans sa forme actuelle. Nous l'avons vu, seule une réforme de fond des Nations Unies pourrait rétablir un véritable équilibre dans l'ordre mondial. Mais cette réforme tant attendue est l'objet de nombreuses controverses, et il est à prévoir qu'elle ne puisse voir le jour prochainement.

Les juristes continuent de s'offusquer de la violation des règles de droit international, tandis que la réalité, notamment mercantile de la société internationale, impose un raisonnement économique au sein duquel le droit international n'est qu'un ensemble flou de beaux principes qui ne peuvent trouver une application complète.

Pessimisme ou réalisme, quoi qu'il en soit, le problème semble être finalement plus politique que juridique, les moyens et surtout la volonté de changer ce cadre international faisant largement défaut.

A l'aube du second mandat de George W. Bush, et alors que Condoleeza Rice parle déjà de « postes avancés de la tyrannie », il reste à espérer que la guerre contre l'Irak ne soit pas un précédent et que les Nations Unies trouveront les ressources pour faire respecter la légalité internationale.

BIBLIOGRAPHIE

Ouvrages

BADIE (Bertrand), *La diplomatie des droits de l'homme, entre éthique et volonté de puissance*, Fayard, 2002

BANNELIER, CORTEN, CHRISTAKIS et DELCOURT (sous la dir.), *Le droit international face au terrorisme*, Cedin Paris I, *Cahiers internationaux n°17*, Edition Pedone, 2002

BONIFACE (Pascal), *La France contre l'empire*, Robert Laffont, Paris, septembre 2003

CHALLIAND (Gérard) et BLIN (arnaud), *America is back, les nouveaux Césars du Pentagone*, Bayard, 2003

DELAPORTE (Muriel), *La politique étrangère américaine depuis 1945*, Complexe Eds, 1996

DELDIQUE (Pierre Edouard), *Faut-il supprimer l'ONU ?*, Hachette Littératures, 2003

DE MONTBRIAL (Thierry), MOREAU DESFARGES (Philippe), (sous la dir.), *RAMSES, Les faces cachées de la monsialisation*, Dunod, IFRI, 2005

DUPUY (Pierre Marie), *Droit international public*, Précis Dalloz, 5ᵉ édition, 2000

HOWARD (Dick), *Aux origines de la pensée politique américaine*, Buchet Chastel, 2004

K. CLARK (Wesley), *De la guerre et du terrorisme*, Seuil, 2004

KISSINGER (Henry), *La nouvelle puissance américaine*, Fayard, 2003

LAURENT (Eric), *La guerre des Bush*, Plon, 2004

MARTIN (Pierre Marie), *Les échecs du droit international*, Que sais-je ?, PUF n°3151, 1996

MILLIERE (Guy), *Ce que veut Bush*, La Martinière Textes, 2003

MOREAU DESFARGES (Philippe), *Un monde d'ingérences*, La bibliothèque du citoyen, presse de sciences politiques, 1997, 2ᵉ édition 2000

TRUYOL SERRA (A.), *Histoire du droit international public*, PUF, 1996

VAÏSSE (Maurice), *Les relations internationales depuis 1945*, Armand Collin, 9ᵉ édition, 2004

WOODWARD (Bob), *Bush s'en va-t-en guerre*, Gallimard, 2004

Revues spécialisées :

- **Actualité et droit international**

BEN ACHOUR (Rafâa), « L'ONU et l'Irak », *Actualité et droit international*, avril 2003

BEN ACHOUR (Rafâa), « L'ONU et l'Irak II », *Actualité et droit international*, novembre 2003

CHARVIN (Robert), « L'affrontement Etats-Unis/ Afghanistan et le déclin du droit international », *Actualité et droit international*, novembre 2001

CHARVIN (Robert), « La guerre anglo-américaine contre l'Irak et le droit international », *Actualité et droit international*, avril 2003

DAVID (Charles Philippe), « Après le 11septembre, le déluge ? », *Actualité et droit international*, novembre 2001

LAGHMANI (Slim), « Faut-il rire du droit international ou le pleurer ? », *Actualité et droit international*, février 2003

LAGHMANI (Slim), « Du droit international au droit impérial ? Réflexion sur la guerre contre l'Irak», *Actualité et droit international*, avril 2003

PELLET (Sarah), « De la raison du plus fort ou comment les Etats-Unis ont (ré)-inventé le droit international et leur droit constitutionnel », *Actualité et droit international*, juin 2002

- **Revue générale de droit international public**

CONDORELLI (Luigi), « Les attentats du 11 septembre et leurs suites : où va le droit international ? », *RGDIP*, 2001-4

CORTEN (Olivier) et DUBUISSON (François), « Opération liberté immuable : une extension abusive du concept de légitime défense », *RGDIP*, 2002-2

DUPUY (Pierre Marie), « 40 ans de codification du droit de la responsabilité internationale des Etats, un bilan », *RGDIP*, 2003-2

NGUYEN ROUAULT (Florence), « L'intervention armée en Irak et son occupation au regard du droit international », *RGDIP*, 2003-4

SICILIANOS (Linos-Alexandre), « L'autorisation par le Conseil de sécurité de recourir à la force : une tentative d'évaluation », *RGDIP*, 2002-1

WECKEL (Philippe), « Le statut incertain des détenus sur la base américaine de Guantanamo », *RGDIP*, 2002-2

- **Revue pouvoirs**

BETTATI (Mario), « L'usage de la force par l'ONU », *Pouvoirs n°109*, 2004

BOUTROS GHALI (Boutros), « Peut-on réformer les Nations Unies ? », *Pouvoirs n°109*, 2004

PELLET (ALAIN), « Inutile Assemblée générale », *Pouvoirs n°109*, 2004

SUR (Serge), « Le Conseil de sécurité : blocage, renouveau et avenir », *Pouvoirs n°109*, 2004

VEDRINE (Hubert), « Réflexions sur la réforme de l'ONU », *Pouvoirs n°109*, 2004

- **Politique étrangère**

BERTRAND (Maurice), « L'ONU et la sécurité à l'échelle planétaire », *Politique étrangère*, 2/ 2000

CREVELD (Martin Van), « La puissance militaire en question », *Politique étrangère*, 1/ 2003

GUEHENNO (Jean Marie), « Maintien de la paix : les nouveaux défis pour l'ONU et le Conseil de sécurité », *Politique étrangère*, 3-4/ 2003

MALONE (David), « Le Conseil de sécurité dans les années 90 : essor et récession », *Politique étrangère*,

2/ 2000

METZ (Steven), « La guerre asymétrique et l'avenir de l'occident », *Politique étrangère*, 1/ 2003

NOVOSSELOFF (Alexandra), « L'ONU après la crise irakienne », *Politique étrangère*, 3-4/ 2003

TARDY (Thierry), « Le bilan de dix années d'opération de maintien de la paix », *Politique étrangère*, 2/2000

- **Divers**

BONIFACE (Pascal), « Quel avenir pour la politique étrangère américaine », *Démocratie info*, 12 juillet 2004

DORRONSORO (Gilles), « Afghanistan : chronique d'un échec annoncé », *Critique internationale n°21*, octobre 2003, p.17

« L'ONU – I. Le système institutionnel », *La documentation française*, documents d'études-droit international public n° 3.02

D. VOIGT (Karsten), « Les perspectives du partenariat transatlantique pour l'Allemagne et les Etats-Unis et l'avenir du droit international », *Note du cerfa n° 7*, IFRI, décembre 2003

SULZER (Jeanne) et DUVERGER (Emmanuelle), « Etats-Unis : une Cour Pénale Internationale à la carte ? », *Lettre FIDH, 80 ans de lutte contre l'impunité*, juin 2002, p.12

SZUREK (Sandra), « La lutte internationale contre le terrorisme », *Questions internationales n°6*, mars/avril 2004

Articles généraux

AUDEOUD (Olivier), « Prisonniers sans droits de Guantanamo », *Le Monde diplomatique*, février 2002, pp.10/11

AFP, « Tortures en Irak : l'éventail élargi des sévices », *Le Monde*, 21.05.2004

AFP, « Les détentions à Guantanamo peuvent être contestées devant les tribunaux », *Le Monde*, 28.06.2004

AFP et REUTERS, « Tortures en Irak : G. W. Bush tente de minimiser les conséquences », *Le Monde*, 08.05.2004

AFP, « Les groupes terroristes font monter la tension en Irak », *Le Monde*, 24.01.2005

AFP, « Candidats et bureaux de vote pris pour cible en Irak », *Le Monde*, 27.01.2005

AFP, « Condoleeza Rice esquisse son projet de politique étrangère », *Le Monde*, 18.01.2005

APG, RODRIGUEZ (Pedro) et SERBETO (Enrique), « Un mandat des Nations Unies enfin en vue ? », *ABC in Courrier international n°699*, du 25 36 et s.

BASSIR POUR (Afnasé), «Clarifier les Conventions oui, mais pas pour miner les standarts de protection », *Le Monde*, Genève, 30.06.2004

BONIFACE (Pascal), « Washington relance la prolifération nucléaire », *Le Monde diplomatique*, décembre 2003, p.22

BÔLE RICHARD (Michel), « Les irakiens ont défiés par les urnes les menaces terroristes », *Le Monde*, 01.02.2005

BOWDEN (Mark), « L'enquêteur américain face au terrorisme », *Le Monde*, 30.06.2004

CETIM, « L'après 11 septembre : une offensive généralisée contre les droits et libertés et accélération de la militarisation de la planète », *cetim.ch*, 2003

CHEMILLIER-GENDREAU (Monique), « Face à la force, le droit international », *Le Monde diplomatique*, janvier 2002, pp.14/15

CHEMILLIER-GENDREAU (Monique), « Contre l'ordre impérial, un ordre public démocratique et universel », *Le Monde diplomatique*, décembre 2002, pp.22/23

CHOMSKI (Noam), « Le meilleur des monde selon Washington », *Le Monde diplomatique*, août 2003, pp. 8/9

CONCHIGLIA (Augusta), « Dans le trou noir de Guantanamo », *Le Monde diplomatique*, avril 2004, pp.20/23

CONESA (Pierre) et LEPICK (Olivier), « Washington démantèle l'architecture internationale de sécurité », *Le Monde diplomatique*, juillet 2002, pp.12/13

COURRIER INTERNATIONAL, « L'Irak, l'heure de l'ONU ? », *Courrier international n°703*, du 22 au 28 avril 2004, dossier, pp.12/15

COURRIER INTERNATIONAL, « L'Irak, la vraie guerre commence », *Courrier international n°681*, du 20 au 26 novembre 2003, dossier, pp.50/57

COURRIER INTERNATIONAL, « Des mercenaires dans la guerre », *Courrier international n°710*, du 10 au 16 juin 2004, pp.48/49

DE BEER (Patrice), « Françoise Bouchet Saulnier : combattants illégaux, un faux débat », *Le Monde*, 30.06.2004

DECAMPS (Marie Claude) et TREAN (Claire), « Des juristes dénoncent l'illégalité de la guerre », *Le Monde*, 20.03.2003

DE LA GORCE (Paul Marie), « Ce dangereux concept de guerre préventive », *Le Monde diplomatique*, octobre 2002, pp.10/11

DELMAS- MARTY (Mireille), « Le droit international en débat, ordre juridique et paix positive », *Le Monde diplomatique*, juillet 2003, pp.4/5

DELMAS MARTY (Mireille), « Du désordre mondial à la force du droit international », *Le Monde*, 22.03.2004

DUNCAN (E. J.), « Analyse de la position juridique des Etats-Unis justifiant le recours à la force armée contre l'Irak », *greenpeace.org*, 16.03.2003

FALK (Richard), « Washington contre Bagdad, les Nations Unies prises en otage », *Le Monde diplomatique*, décembre 2002, pp.11 et 24

FERNADEZ (Julian), « Les Etats-Unis et la justice internationale », *ladocfrançaise.gouv.fr*

GOLUB (Philippe S.), « Les dynamiques du désordre mondial, tentation impériale », *Le Monde diplomatique*, octobre 2002, pp.8/9

GREENPEACE, « Le droit international et la guerre contre l'Irak », *greenpeace.org*, 20.02.2003

GUISNEL (Jean), « Les limites d'une stratégie », *Le Point*, 11.04.2003

HOBSBAWM (Eric), « Où va l'empire américain ? », *Le Monde diplomatique*, juillet 2003, pp.20/21

IOANNIDES (Arianne), « Au mépris des droits humains », *Le Monde diplomatique*, octobre 2003, p.4

JARREAU (Patrick), « Nous avons eu une très bonne note pour notre façon de les faire craquer », *Le Monde*, Washington, 04.05.2004

JARREAU (Patrick), « Premières sanctions contre des américains accusés de tortures », *Le Monde*, Washington, 05.05.2004

JARREAU (Patrick), « La soldate Lynndie England et le Caporal Charles Graner, deux réservistes unis dans l'horreur », *Le Monde*, Washington, 08.05.2004

JARREAU (Patrick), «L'audition de Donald Rumsfeld amplifie le scandale des tortures » *Le Monde*, Washington, 09.05.2004

JARREAU (Patrick), « Au cœur de l'argumentaire américain », *Le Monde*, Washington, 30.06.2004

JARREAU (Patrick), « Guantanamo : l'administration Bush est prise de court par la décision de la Cour suprême », *Le Monde*, Washington, 02.07.2004

JULY (Serge), « Le bouleversement américain », *Libération*, 15/16.09.2001

LE MONDE (rédaction), « Le traitement des prisonniers et l'interdiction de la torture tels que définis par les Conventions de Genève », *Le Monde*, 30.06.2004

LE MONDE (rédaction), «Les lois sur la protection des civils en tant de guerre telles que les définissent les Conventions de Genève », *Le Monde*, 30.06.2004

LE MONDE (rédaction), « Après « l'axe du mal » en 2002, les six « postes avancés de la tyrannie », *Le Monde*, 18.01.2005

LESER (Eric), « George Bush fixe une mission à l'Amérique : libérer le monde », *Le Monde*, 22.01.2005

LESER (Eric), « La CIA suspend l'utilisation des méthodes d'interrogatoire assimilables à la torture », *Le Monde*, New York, 29.06.2004

LESER (Eric), « Guantanamo : la Cour suprême donne tord à l'administration Bush», *Le Monde*, New York, 30.06.2004

MEEK (James), « Dans le camps de Guantanamo, on a pas le droit d'avoir de droits », *The Guardian*, Londres, *in Courrier international n°685*, du 18 au 23 décembre 2003, pp.13/15

OURDAN (Rémy), « L'armée américaine prend d'assaut le centre de Bagdad », *Le Monde*, 8.04.2003
PELLET (Alain), « Malaise dans la guerre, à quoi sert l'ONU ? », *Le Monde*, 15.12.2001

PERLE (Richard), « La chute de l'ONU », *Le Figaro*, 11.04.2003

RAMONET (Ignacio), « Illégale agression », *Le Monde diplomatique*, avril 2003, p.1

RAMONET (Ignacio), « Guerre totale contre un péril diffus », *Le Monde diplomatique*, octobre 2001

ROBERT (Anne Cécile), « Dans le chaos de l'après guerre, justice internationale, politique et droit », *Le Monde diplomatique*, mai 2003, p.25

THE WASHINGTON POST, « Où mène le mépris des lois internationales ? », *in Courrier international n°705*, du 6 au 12 mai 2004, p.24

Sites Internet

Amnesty international: www.amnesty.org
Cour pénale internationale: www.icc.cpi.int
Croix Rouge : www.icrc.org/fre
Human Rights Watch: www.hrw.org
Le Monde : *www.lemonde.fr*
Maison Blanche: www.whitehouse.gov
ONU : www.un.org/french
US Department of Homeland Security : www.dhs.gov
www.paxhumana.info
www.vigirak.com

TABLE DES MATIERES

Préface..7
Sommaire 11
Principales abréviations 13
Introduction..15

PREMIERE PARTIE : Les Etats-Unis en marge du droit international..25

Chapitre I : Consécration de l'unilatéralisme américain après les attentats du 11 septembre 2001....27

I. L'émancipation progressive du cadre international multilatéral 27

    A. Unilatéralisme émergent dans un contexte post-guerre froide 28
       1) La fin de l'ordre bipolaire et l'absence de contrepouvoirs 28
          - La rupture de l'équilibre
          - L'effondrement du monde multipolaire
       2) L'affirmation de la suprématie américaine 30
          - Une supériorité multiforme
          - Unipolarité de fait ou unilatéralisme de fond ?

    B. La guerre contre le terrorisme et le renforcement de l'unilatéralisme américain 33
        1) **L'émergence d'une nouvelle menace : le terrorisme** ...34
            - Le nouvel ennemi de Washington
            - La guerre contre le terrorisme de l'administration Bush
        2) **Consécration de la politique de primauté des intérêts américains**..37
            - La Nouvelle stratégie de Sécurité Nationale
            - Une vision manichéenne et simpliste du monde

II. **De l'unilatéralisme à l'impérialisme de l'administration Bush après le 11 septembre 2001**..40

    A. Le désaveu de l'ordre mondial dans la continuité de l'administration Clinton...41
        1) **Le mépris du droit et des institutions internationales**..41
            - L'émancipation du cadre de l'ONU au nom de la sécurité intérieure
            - Le démantèlement de l'architecture internationale de sécurité
        2) **Extraterritorialité des lois**..44
            - L'usage du principe d'extraterritorialité des lois
            - Des lois internes imposées dans l'ordre international

    B. Les vues impérialistes des Etats-Unis...................47
        1) **Le projet impérialiste de remodelage du monde**.........47
            - La Rome du XXIe siècle
            - Le projet de Grand Moyen Orient

        2) **Une irréversible domination ?**..................................52
            - L'enjeu des élections présidentielles américaines de 2004
            - L'anticipation des régimes du monde arabe

Chapitre II : Le dévoiement du concept de légitime défense dans la guerre contre le terrorisme 57

I. **De l'intervention en Afghanistan**................57

   A. Le statut d'exception de la légitime défense............58
      1) **Le principe de l'interdiction du recours à la force**.....58
         - *L'article 2 paragraphe 4 de la Charte des Nations Unies*
         - *L'exception de l'article 51*
      2) **Le concept de légitime défense soumis à conditions**.....61
         - *Une agression armée imputée à un Etat*
         - *Une riposte proportionnée et nécessaire*

   B. Extension du concept aux fins de légitimation de l'intervention américaine..............................66
      1) **Le consensus de la Communauté internationale**............66
         - *Autorisation implicite des Nations Unies*
         - *L'OTAN écartée et le soutien de la Communauté internationale*
      2) **Une extension infondée juridiquement** 69
         - *L' interprétation abusive des principes généraux du droit de la responsabilité internationale*
         - *Divergences relatives à l'interprétation de l'article 51*

II. **... au concept de guerre préventive en Irak**........74

   A. Adjonction de la « prévention » à la légitime défense..74
      1) **D'une notion défensive à un concept radicalement offensif** 74
         - *L'illégalité du concept*
         - *Les arguments invoqués par les Etats-Unis*

    2) **Une interprétation extensive des résolutions du Conseil de sécurité de l'ONU** 79
    - *Références aux résolutions de 1990/1991 pour justifier le recours à la force*
    - *Suffisance de la résolution 1441 pour légitimer l'action préventive contre l'Irak*

  B. Marginalisation des Nations Unies dans la guerre contre l'Irak 82
    1) **L'ONU reléguée au second plan**..........................82
    - *Des compétences limitées à des fonctions subordonnées*
    - *La passivité du Conseil de sécurité*
    2) **Intervention sans le consentement de l'ONU mais aussi sans son refus**..84
    - *Légitimation à posteriori*
    - *La soumission du Secrétaire Général*

Chapitre III : Le non respect des conventions de Genève..89

I. **Le droit de Genève ou les règles applicables aux conflits armées**..89

  A. L'émergence d'un droit international humanitaire...90

    1) **La naissance du droit international et de la Croix Rouge** 90
    - *La nécessité de règlementer les conflits armés*
    - *La création de la Croix Rouge*
    2) **Les mécanismes juridiques du droit international humanitaire**...94
    - *Les Conventions de Genève*
    - *Les Protocoles additionnels*

B. La mise en œuvre théorique du droit international humanitaire..97
   1) **Le cadre d'application posé par les Conventions de Genève et par l'ONU**..97
      - *Les dispositions communes aux quatre conventions*
      - *L'action traditionnelle des organes subsidiaires de l'ONU*
   2) **Les piliers du droit international humanitaire**..........99
      - *Le rôle central du Comité International de la Croix Rouge*
      - *Les obligations des puissances occupantes*

II.   **Les exactions commises par la coalition**............102

  A. Le traitement réservé aux prisonniers de la guerre contre le terrorisme..103
   1) **La zone de non droit de Guantanamo**....................103
      - *Le statut de « combattants illégaux »*
      - *Les tribunaux militaires ou le non respect de la procédure*
   2) **L'irrespect des conditions minimales de détention**....111
      - *Des conditions inhumaines et dégradantes*
      - *Le scandale des tortures d'Abou Ghraib*

  B. L'incrimination en droit international.............117
   1) **La condamnation des violations répétées du droit international**..118
      - *La multiplicité des exactions de la coalition*
      - *La condamnation de la torture*
   2) **La culpabilité de crimes internationaux**..............123
      - *Le crime d'agression*
      - *L'incrimination progressive des crimes de guerre*

DEUXIEME PARTIE : Les perspectives d'avenir du droit international..129

Chapitre I : Les lacunes du droit international...........131

I. L'absence d'un droit international du terrorisme..131

A. Une impossible définition du terrorisme international 132
1) **La diversité du phénomène terroriste.....................132**
   - *Evolution et confusion avec certaines notions*
   - *Critères communs de définition*
2) **L'incrimination ponctuelle au niveau international de certains actes particuliers de terrorisme...............135**
   - *L'approche sectorielle des conventions internationales*
   - *L'incrimination d'actes de terrorisme au niveau régional*

B. La construction d'un droit international du terrorisme freinée par des considérations de souveraineté nationale 139
1) **La procédure internationale réduite à la coopération entre Etats..140**
   - *Manque de cohérence dans le régime juridique et la répression du terrorisme*
   - *La nécessité d'une coopération interétatique*
2) **Primauté du droit interne en cas d'atteinte à la souveraineté nationale....................................143**
   - *La répression nationale du terrorisme international*
   - *L'émergence du principe de compétence universelle en matière de lutte contre le terrorisme*

II. Le discrédit de l'ONU en matière de lutte contre le terrorisme..........146

A. Les sanctions internationales à l'encontre de l'Afghanistan..........146
   1) **Les résolutions adressées au régime Taliban**........147
      - *Des mises en garde de l'ONU...*
      - *... aux sanctions*
   2) **L'impact léger des résolutions**..........150
      - *L'absence de moyens contraignants*
      - *L'impossible mise en œuvre des sanctions*

B. L'ONU mise au défi après le 11 septembre........151
   1) **L'ONU piétine dans sa lutte contre le terrorisme**...152
      - *Les nouvelles résolutions*
      - *La réalité des camps d'entraînement terroristes*
   2) **Les effets pervers de l'action de l'ONU**..........155
      - *L'inefficacité d'instruments juridiques trop généraux*
      - *L'incidence négative sur les populations*

Chapitre II : L'indispensable survie d'un droit international aujourd'hui déficient.......159

I. **L'impossible mise en œuvre des règles de la responsabilité internationale**..........159

A. L'existence d'un droit international de la responsabilité..........160
   1) **La sanction d'un fait internationalement illicite** ...160
      - *La violation d'une obligation internationale entraînant un dommage*
      - *Sanctions et mise en œuvre théorique de la responsabilité*

    2) **De la responsabilité de l'Etat à la responsabilité internationale des individus**..........................163
        - Attribution à l'Etat du comportement de ses agents
        - La responsabilité pénale des individus agissant au titre d'agent de l'Etat

B. L'impunité américaine au regard du droit international 167
    1) **Le refus de ratifier le statut de la Cour Pénale Internationale**......................................168
        - La compétence de principe de la Cour Pénale Internationale
        - L'exception américaine
    2) **La mainmise des Etats-Unis sur l'ONU**..............173
        - Consécration de l'impunité américaine par le Conseil de sécurité
        - La place prépondérante des Etats-Unis au sein des NationsUnies

II. De la confusion mondiale à la force du droit international..177

A. L'unilatéralisme américain justifié par l'insuffisance des Nations Unies....................................178
    1) **La recherche de substituts aux instruments juridiques internationaux**...................................178
        - La dimension juridique du terrorisme supplantée par le politique
        - De la négociation diplomatique à l'intervention armée
    2) **L'échec de la stratégie américaine**......................180
        - Le retour des Talibans
        - Le bourbier de l'après guerre irakien

B La force du droit international........................184
    1) **L'impact des guerres asymétriques sur l'avenir de l'Occident** 184
      - Les guerres asymétriques
      - Un échec annoncé pour l'occident
    2) **Le rôle dévolu à l'ONU**........................187
      - Les barrières fixées par l'ONU
      - La mutation du droit international

Chapitre III : La nécessaire réforme de l'Organisation des Nations Unies............................191

I.   Les enjeux de la réforme............................…...191

  A. L'obsolescence des Nations Unies....................192
    1) **Les fondements de l'ONU remis en question**..........193
      - Une organisation fondée sur le contexte international de 1945
      - La légitimité du Conseil contestée
    2) **L'ONU dépendante de ses membres**......................195
      - La dépendance dans la prise de décisions
      - Des opérations tributaires de moyens accordés par les Etats

  B. La définition d'un nouveau système de sécurité mondial 198
    1) **Une nouvelle acception du rôle de l'ONU**.................198
      - Le défi de limiter l'impact américain sur l'organisation
      - L'harmonisation des conceptions du système de sécurité
    2) **La nécessité d'une réforme réaliste**.....................201
      - Le danger de la condition démocratique
      - La notion d'ordre public mondial

II. Une réforme d'envergure..........................204

    A. Le Conseil de sécurité au cœur de la réforme.........204
        1) **Repenser la composition**...................................205
            - *Création de nouveaux sièges de membres permanents*
            - *L'impact croissant du rôle des membres non permanents*
        2) **Encadrer l'usage du droit de veto**........................207
            - *L'impossible suppression du droit de veto*
            - *Restriction du droit de veto dans le cadre des interventions humanitaires*

    B. La refonte globale du système des Nations Unies..210
        1) **Au-delà du Conseil** 211
            - *Le remaniement des organes et institutions des Nations Unies*
            - *La réforme des Nations Unies dans le développement économique et social*
        2) **Les obstacles à la réforme**..................................214
            - *La fracture Nord/Sud*
            - *Le monopole des membres permanents*

Conclusion 219
Bibliographie...223
Table des matières..237
Sommaire des annexes..247

SOMMAIRE DES ANNEXES

ANNEXE 1 : **The National Security Strategy of the United States of America**
(Speech and Table of contents)

ANNEXE 2 : **Charte des Nations Unies – Chapitre VII** : Action en cas de menace contre la paix, de rupture de la paix et d'acte d'agression

ANNEXE 3 : **Résolution 1368 du Conseil de sécurité des Nations unies du 12 septembre 2001** sur la menace à la paix et à la sécurité internationale résultant d'actes terroristes

ANNEXE 4 : **Résolution 1373 du Conseil de sécurité des Nations unies du 28 septembre 2001** sur la menace à la paix et à la sécurité internationale résultant d'actes terroristes

ANNEXE 5 : **Statut de Rome du 17 juillet 1998 instituant la Cour pénale internationale - Chapitre II :** Compétence, recevabilité et droit applicable

ANNEXE 1

THE NATIONAL SECURITY STRATEGY OF THE UNITED STATES OF AMERICA

SEPTEMBER 2002

THE WHITE HOUSE
WASHINGTON

The great struggles of the twentieth century between liberty and totalitarianism ended with a decisive victory for the forces of freedom—and a single sustainable model for national success: freedom, democracy, and free enterprise. In the twenty-first century, only nations that share a commitment to protecting basic human rights and guaranteeing political and economic freedom will be able to unleash the potential of their people and assure their future prosperity.

People everywhere want to be able to speak freely; choose who will govern them; worship as they please; educate their children—male and female; own property; and enjoy the benefits of their labor. These values of freedom are right and true for every person, in every society—and the duty of protecting these values against their enemies is the common calling of freedom-loving people across the globe and across the ages.

Today, the United States enjoys a position of unparalleled military strength and great economic and political influence. In keeping with our heritage and principles, we do not use our strength to press for unilateral advantage. We seek instead to create a balance of power that favors human freedom: conditions in which all nations and all societies can choose for themselves the rewards and challenges of political and economic liberty. In a world that is safe, people will be able to make their own lives better.We will defend the peace by fighting terrorists and tyrants.We will preserve the peace by building good relations among the great powers. We will extend the peace by encouraging free and open societies on every continent.

Defending our Nation against its enemies is the first and fundamental commitment of the Federal Government. Today, that task has changed dramatically. Enemies in the past needed great armies and great industrial capabilities to endanger America. Now, shadowy networks of individuals can bring great chaos and suffering to our shores for less than it costs to purchase a single tank. Terrorists are organized to penetrate open societies and to turn the power of modern technologies against us.

To defeat this threat we must make use of every tool in our arsenal—military power, better homeland defenses, law enforcement, intelligence, and vigorous efforts to cut off terrorist financing. The war against terrorists of global reach is a global enterprise of uncertain duration.

America will help nations that need our assistance in combating terror. And America will hold the white house Washington to account nations that are compromised by terror, including those who harbor terrorist s—because the allies of terror are the enemies of civilization. The United States and countries cooperating with us must not allow the terrorists to develop new home bases. Together, we will seek to deny them sanctuary at every turn.

The gravest danger our Nation faces lies at the crossroads of radicalism and technology. Our enemies have openly declared that they are seeking weapons of mass destruction, and evidence indicates that they are doing so with determination. The United States will not allow these efforts to succeed. We will build defenses against ballistic missiles and other means of delivery.

We will cooperate with other nations to deny, contain, and curtail our enemies' efforts to acquire dangerous technologies. And, as a matter of common sense and self-defense, America will act against such emerging threats before they are fully formed. We cannot defend America and our friends by hoping for the best. So we must be prepared to defeat our enemies' plans, using the best intelligence and proceeding with deliberation. History will judge harshly those who saw this coming danger but failed to act. In the new world we have entered, the only path to peace and security is the path of action.

As we defend the peace, we will also take advantage of an historic opportunity to preserve the peace. Today, the international community has the best chance since the rise of the nation-state in the seventeenth century to build a world where great powers compete in peace instead of continually prepare for war. Today, the world's great powers find ourselves on the same side— united by common dangers of terrorist violence and chaos. The United States will build on these common interests to promote global security. We are also increasingly united by common values. Russia is in the midst of a hopeful transition, reaching for its democratic future and a partner in the war on terror. Chinese leaders are discovering that economic freedom is the only source of national wealth. In time, they will find that social and political freedom is the only source of national greatness. America will encourage the advancement of democracy and economic openness in both nations, because these are the best foundations for domestic stability and international order. We will strongly resist aggression from other great powers—even as we welcome their peaceful pursuit of prosperity, trade, and cultural advancement.

Finally, the United States will use this moment of opportunity to extend the benefits of freedom across the globe. We will actively work to bring the hope of democracy, development, free markets, and free trade to every corner of the world. The events of September 11, 2001, taught us that weak states, like Afghanistan, can pose as great a danger to our national interests as strong states. Poverty does not make poor people into terrorists and murderers. Yet poverty, weak institutions, and corruption can make weak states vulnerable to terrorist networks and drug cartels within their borders. The United States will stand beside any nation determined to build a better future by seeking the rewards of liberty for its people. Free trade and free markets have proven their ability to lift whole societies out of poverty—so the United States will work with individual nations, entire regions, and the entire global trading community to build a world that trades in freedom and therefore grows in prosperity. The United States will deliver greater development assistance through the New Millennium Challenge Account to nations that govern justly, invest in their people, and encourage economic freedom. We will also continue to lead the world in efforts to reduce the terrible toll of HIV/AIDS and other infectious diseases. In building a balance of power that favors freedom, the United States is guided by the conviction that all nations have important responsibilities. Nations that enjoy freedom must actively fight terror. Nations that depend on international stability must help prevent the spread of weapons of mass destruction. Nations that seek international aid must govern themselves wisely, so that aid is well spent. For freedom to thrive, accountability must be expected and required. We are also guided by the conviction that no nation can build a safer, better world alone. Alliances and multilateral institutions can multiply the strength of freedom-loving nations. The United States is committed to lasting institutions like the United Nations, the World Trade Organization, the Organization of American States, and NATO as well as other long-standing alliances. Coalitions of the willing can augment these permanent institutions. In all cases, international obligations are to be taken seriously. They are not to be undertaken symbolically to rally support for an ideal without furthering its attainment.

Freedom is the non-negotiable demand of human dignity; the birthright of every person—in every civilization. Throughout history, freedom has been threatened by war and terror; it has been challenged by the clashing wills of powerful states and the evil designs of tyrants; and it has been tested by widespread poverty and disease. Today, humanity holds in its hands the opportunity to further freedom's triumph over all these foes. The United States welcomes our responsibility to lead in this great mission.

George Bush

THE WHITE HOUSE,
September 17, 2002

ANNEXE 2

Charte des Nations Unies
*Nous,
peuples des Nations Unies, résolus ...*

CHAPITRE VII

ACTION EN CAS DE MENACE CONTRE LA PAIX, DE RUPTURE DE LA PAIX ET D'ACTE D'AGRESSION

Article 39

Le Conseil de sécurité constate l'existence d'une menace contre la paix, d'une rupture de la paix ou d'un acte d'agression et fait des recommandations ou décide quelles mesures seront prises conformément aux Articles 41 et 42 pour maintenir ou rétablir la paix et la sécurité internationales.

Article 40

Afin d'empêcher la situation de s'aggraver, le Conseil de sécurité, avant de faire les recommandations ou de décider des mesures à prendre conformément à l'Article 39, peut inviter les parties intéressées à se conformer aux mesures provisoires qu'il juge nécessaires ou souhaitables. Ces mesures provisoires ne préjugent en rien les droits, les prétentions ou la position des parties intéressées. En cas de non-exécution de ces mesures provisoires, le Conseil de sécurité tient dûment compte de cette défaillance.

Article 41

Le Conseil de sécurité peut décider quelles mesures n'impliquant pas l'emploi de la force armée doivent être prises pour donner effet à ses décisions, et peut inviter les Membres des Nations Unies à appliquer ces mesures. Celles-ci peuvent comprendre l'interruption complète ou partielle des relations économiques et des communications ferroviaires, maritimes, aériennes, postales, télégraphiques, radioélectriques et des autres moyens de communication, ainsi que la rupture des relations diplomatiques.

Article 42

Si le Conseil de sécurité estime que les mesures prévues à l'Article 41 seraient inadéquates ou qu'elles se sont révélées telles, il peut entreprendre, au moyen de forces aériennes, navales ou terrestres, toute action qu'il juge nécessaire au maintien ou au rétablissement de la paix et de la sécurité internationales. Cette action peut comprendre des démonstrations, des mesures de blocus et d'autres opérations exécutées par des forces aériennes, navales ou terrestres de Membres des Nations Unies.

Article 43

1. Tous les Membres des Nations Unies, afin de contribuer au maintien de la paix et de la sécurité internationales, s'engagent à mettre à la disposition du Conseil de sécurité, sur son invitation et conformément à un accord spécial ou

à des accords spéciaux, les forces armées, l'assistance et les facilités, y compris le droit de passage, nécessaires au maintien de la paix et de la sécurité internationales.
2. L'accord ou les accords susvisés fixeront les effectifs et la nature de ces forces, leur degré de préparation et leur emplacement général, ainsi que la nature des facilités et de l'assistance à fournir.
3. L'accord ou les accords seront négociés aussitôt que possible, sur l'initiative du Conseil de sécurité. Ils seront conclus entre le Conseil de sécurité et des Membres de l'Organisation, ou entre le Conseil de sécurité et des groupes de Membres de l'Organisation, et devront être ratifiés par les Etats signataires selon leurs règles constitutionnelles respectives.

Article 44

Lorsque le Conseil de sécurité a décidé de recourir à la force, il doit, avant d'inviter un Membre non représenté au Conseil à fournir des forces armées en exécution des obligations contractées en vertu de l'Article 43, convier ledit Membre, si celui-ci le désire, à participer aux décisions du Conseil de sécurité touchant l'emploi de contingents des forces armées de ce Membre.

Article 45

Afin de permettre à l'Organisation de prendre d'urgence des mesures d'ordre militaire, des Membres des Nations Unies maintiendront des contingents nationaux de forces aériennes immédiatement utilisables en vue de l'exécution combinée d'une action coercitive internationale. Dans les limites prévues par l'accord spécial ou les accords spéciaux mentionnés à l'Article 43, le Conseil de sécurité, avec l'aide du Comité d'état-major, fixe l'importance et le degré de préparation de ces contingents et établit des plans prévoyant leur action combinée.

Article 46

Les plans pour l'emploi de la force armée sont établis par le Conseil de sécurité avec l'aide du Comité d'état-major.

Article 47

1. Il est établi un Comité d'état-major chargé de conseiller et d'assister le Conseil de sécurité pour tout ce qui concerne les moyens d'ordre militaire nécessaires au Conseil pour maintenir la paix et la sécurité internationales, l'emploi et le commandement des forces mises à sa disposition, la réglementation des armements et le désarmement éventuel.
2. Le Comité d'état-major se compose des chefs d'état-major des membres permanents du Conseil de sécurité ou de leurs représentants. Il convie tout Membre des Nations Unies qui n'est pas représenté au Comité d'une façon permanente à s'associer à lui, lorsque la participation de ce Membre à ses travaux lui est nécessaire pour la bonne exécution de sa tâche.
3. Le Comité d'état-major est responsable, sous l'autorité du Conseil de sécurité, de la direction stratégique de toutes forces armées mises à la disposition du Conseil. Les questions relatives au commandement de ces forces seront réglées ultérieurement.
4. Des sous-comités régionaux du Comité d'état-major peuvent être établis par lui avec l'autorisation du Conseil de sécurité et après consultation des organismes régionaux appropriés.

Article 48

1. Les mesures nécessaires à l'exécution des décisions du Conseil de sécurité pour le maintien de la paix et de la sécurité internationales sont prises par tous les Membres des Nations Unies ou certains d'entre eux, selon l'appréciation du Conseil.
2. Ces décisions sont exécutées par les Membres des Nations Unies directement et grâce à leur action dans les organismes internationaux appropriés dont ils font partie.

Article 49

Les Membres des Nations Unies s'associent pour se prêter mutuellement assistance dans l'exécution des mesures arrêtées par le Conseil de sécurité.

Article 50

Si un Etat est l'objet de mesures préventives ou coercitives prises par le Conseil de sécurité, tout autre Etat, qu'il soit ou non Membre des Nations Unies, s'il se trouve en présence de difficultés économiques particulières dues à l'exécution desdites mesures, a le droit de consulter le Conseil de sécurité au sujet de la solution de ces difficultés.

Article 51

Aucune disposition de la présente Charte ne porte atteinte au droit naturel de légitime défense, individuelle ou collective, dans le cas où un Membre des Nations Unies est l'objet d'une agression armée, jusqu'à ce que le Conseil de sécurité ait pris les mesures nécessaires pour maintenir la paix et la sécurité internationales. Les mesures prises par des Membres dans l'exercice de ce droit de légitime défense sont immédiatement portées à la connaissance du Conseil de sécurité et n'affectent en rien le pouvoir et le devoir qu'a le Conseil, en vertu de la présente Charte, d'agir à tout moment de la manière qu'il juge nécessaire pour maintenir ou rétablir la paix et la sécurité internationales.

Charte des Nations Unies - Chapitre 7

ANNEXE 3

Résolution 1368 (2001)
S/RES/1368 (2001)

Adoptée par le Conseil de sécurité à sa 4370e séance, le 12 septembre 2001

Le Conseil de sécurité,
Réaffirmant les buts et principes de la Charte des Nations Unies,
Résolu à combattre par tous les moyens les menaces à la paix et à la sécurité internationales causées par les actes terroristes,
Reconnaissant le droit inhérent à la légitime défense individuelle ou collective conformément à la Charte,

1. *Condamne catégoriquement* dans les termes les plus forts les épouvantables attaques terroristes qui ont eu lieu le 11 septembre 2001 à New York, Washington (DC) et en Pennsylvanie et *considère* de tels actes, comme tout acte de terrorisme international, comme une menace à la paix et à la **sécurité** internationales;

2. *Exprime* ses plus profondes sympathie et condoléances aux victimes et à leur famille ainsi qu'au peuple et au Gouvernement des États-Unis d'Amérique;

3. *Appelle* tous les États à travailler ensemble de toute urgence pour traduire en justice les auteurs, organisateurs et commanditaires de ces attaques terroristes et *souligne* que ceux qui portent la responsabilité d'aider, soutenir et héberger les auteurs, organisateurs et commanditaires de ces actes devront rendre des comptes;

4. *Appelle également* la communauté internationale à redoubler d'efforts pour prévenir et éliminer les actes terroristes, y compris par une coopération accrue et une pleine application des conventions antiterroristes internationales et des résolutions **du Conseil de sécurité**, en particulier la **résolution** 1269 (1999) **du** 19 octobre 1999;

5. *Se déclare* prêt à prendre toutes les mesures nécessaires pour répondre aux attaques terroristes du 11 septembre 2001 et pour combattre le terrorisme sous toutes ses formes, conformément à ses responsabilités en vertu de la Charte des Nations Unies;

6. *Décide* de demeurer saisi de la question.

ANNEXE 4

Résolution 1373 (2001)
S/RES/1373 (2001

Adoptée par le Conseil de sécurité à sa 4385e séance, le 28 septembre 2001

Le Conseil de sécurité,

Réaffirmant ses résolutions 1269 (1999) du 19 octobre 1999 et 1368 (2001)du 12 septembre 2001,

Réaffirmant également sa condamnation sans équivoque des attaques terroristes commises le 11 septembre 2001 à New York, à Washington et en Pennsylvanie, et *exprimant* sa détermination à prévenir tous actes de ce type,

Réaffirmant en outre que de tels actes, comme tout acte de terrorisme international, constituent une menace à la paix et à la sécurité internationales,

Réaffirmant le droit naturel de légitime défense, individuelle ou collective, que consacre la Charte des Nations Unies et qui est réaffirmé dans la **résolution 1368** (2001),

Réaffirmant la nécessité de lutter par tous les moyens, conformément à la Charte des Nations Unies, contre les menaces à la paix et à la sécurité internationales que font peser les actes de terrorisme,

Profondément préoccupé par la multiplication, dans diverses régions du monde, des actes de terrorisme motivés par l'intolérance ou l'extrémisme,

Demandant aux États de collaborer d'urgence pour prévenir et réprimer les actes de terrorisme, notamment par une coopération accrue et l'application intégrale des conventions internationales relatives au terrorisme,

Considérant que les États se doivent de compléter la coopération internationale en prenant des mesures supplémentaires pour prévenir et réprimer sur leur territoire, par tous les moyens licites, le financement et la préparation de tout acte de terrorisme,

Réaffirmant le principe que l'Assemblée générale a établi dans sa déclaration d'octobre 1970 (2625 XXV) et que le **Conseil de sécurité** a

réaffirmé dans sa résolution 1189 (1998), à savoir que chaque État a le devoir de s'abstenir d'organiser et d'encourager des actes de terrorisme sur le territoire d'un autre État, d'y aider ou d'y participer, ou de tolérer sur son territoire des activités organisées en vue de perpétrer de tels actes,
Agissant en vertu **du** Chapitre VII de la Charte des Nations Unies,

1.
Décide que tous les États :
a) Préviennent et répriment le financement des actes de terrorisme;
b) Érigent en crime la fourniture ou la collecte délibérée par leurs nationaux ou sur leur territoire, par quelque moyen que ce soit, directement ou indirectement, de fonds que l'on prévoit d'utiliser ou dont on sait qu'ils seront utilisés pour perpétrer des actes de terrorisme;
c) Gèlent sans attendre les fonds et autres avoirs financiers ou ressources économiques des personnes qui commettent, ou tentent de commettre, des actes de terrorisme, les facilitent ou y participent, des entités appartenant à ces personnes ou contrôlées, directement ou indirectement, par elles, et des personnes et entités agissant au nom, ou sur instruction, de ces personnes et entités, y compris les fonds provenant de biens appartenant à ces personnes, et aux personnes et entités qui leur sont associées, ou contrôlés, directement ou indirectement, par elles;
d) Interdisent à leurs nationaux ou à toute personne ou entité se trouvant sur leur territoire de mettre des fonds, avoirs financiers ou ressources économiques ou services financiers ou autres services connexes à la disposition, directement ou indirectement, de personnes qui commettent ou tentent de commettre des actes de terrorisme, les facilitent ou y participent, d'entités appartenant à ces personnes ou contrôlées, directement ou indirectement, par elles et de personnes et entités agissant au nom ou sur instruction de ces personnes;
2.
Décide également que tous les États :
a) S'abstiennent d'apporter quelque forme d'appui que ce soit, actif ou passif, aux entités ou personnes impliquées dans des actes de terrorisme, notamment en réprimant le recrutement de membres de groupes terroristes et en mettant fin à l'approvisionnement en armes des terroristes;

b) Prennent les mesures voulues pour empêcher que des actes de terrorisme ne soient commis, notamment en assurant l'alerte rapide d'autres États par l'échange de renseignements;
c) Refusent de donner asile à ceux qui financent, organisent, appuient ou commettent des actes de terrorisme ou en recèlent les auteurs;
d) Empêchent que ceux qui financent, organisent, facilitent ou commettent des actes de terrorisme n'utilisent leurs territoires respectifs pour commettre de tels actes contre d'autres États ou contre les citoyens de ces États;
e) Veillent à ce que toutes personnes qui participent au financement, à l'organisation, à la préparation ou à la perpétration d'actes de terrorisme ou qui y apportent un appui soient traduites en justice, à ce que, outre les mesures qui pourraient être prises contre ces personnes, ces actes de terrorisme soient érigés en crimes graves dans la législation et la réglementation nationales et à ce que la peine infligée soit à la mesure de la gravité de ces actes;
f) Se prêtent mutuellement la plus grande assistance lors des enquêtes criminelles et autres procédures portant sur le financement d'actes de terrorisme ou l'appui dont ces actes ont bénéficié, y compris l'assistance en vue de l'obtention des éléments de preuve qui seraient en leur possession et qui seraient nécessaires à la procédure;
g) Empêchent les mouvements de terroristes ou de groupes de terroristes en instituant des contrôles efficaces aux frontières, ainsi que des contrôles lors de la délivrance de documents d'identité et de documents de voyage et en prenant des mesures pour empêcher la contrefaçon, la falsification ou l'usage frauduleux de papiers d'identité et de documents de voyage;
3.
Demande à tous les États :
a) De trouver les moyens d'intensifier et d'accélérer l'échange d'informations opérationnelles, concernant en particulier les actions ou les mouvements de terroristes ou de réseaux de terroristes, les documents de voyage contre-faits ou falsifiés, le trafic d'armes, d'explosifs ou de matières sensibles, l'utilisation des technologies de communication par des groupes terroristes, et la menace que constituent les armes de destruction massive en possession de groupes terroristes;

b) D'échanger des renseignements conformément au droit international et national et de coopérer sur les plans administratif et judiciaire afin de prévenir les actes de terrorisme;
c) De coopérer, en particulier dans le cadre d'accords et d'arrangements bilatéraux et multilatéraux, afin de prévenir et de réprimer les actes de terrorisme et de prendre des mesures contre les auteurs de tels actes;
d) De devenir dès que possible parties aux conventions et protocoles internationaux relatifs au terrorisme, y compris la Convention internationale pour la répression du financement du terrorisme en date du 9 décembre 1999;
e) De coopérer davantage et d'appliquer intégralement les conventions et protocoles internationaux relatifs au terrorisme ainsi que les résolutions 1269 (1999) et **1368 (2001) du Conseil de sécurité**;
f) De prendre les mesures appropriées, conformément aux dispositions pertinentes de leur législation nationale et du droit international, y compris les normes internationales relatives aux droits de l'homme, afin de s'assurer, avant d'octroyer le statut de réfugié, que les demandeurs d'asile n'ont pas organisé ou facilité la perpétration d'actes de terrorisme et n'y ont pas participé;
g) De veiller, conformément au droit international, à ce que les auteurs ou les organisateurs d'actes de terrorisme ou ceux qui facilitent de tels actes ne détournent pas à leur profit le statut de réfugié, et à ce que la revendication de motivations politiques ne soit pas considérée comme pouvant justifier le rejet de demandes d'extradition de terroristes présumés;
4.
Note avec préoccupation les liens étroits existant entre le terrorisme international et la criminalité transnationale organisée, la drogue illicite, le blanchiment d'argent, le trafic d'armes et le transfert illégal de matières nucléaires, chimiques, biologiques et autres présentant un danger mortel et, à cet égard, *souligne* qu'il convient de renforcer la coordination des efforts accomplis aux échelons national, sous-régional, régional et international afin de renforcer une action mondiale face à ce grave problème et à la lourde menace qu'il fait peser sur la **sécurité** internationale;
5.
Déclare que les actes, méthodes et pratiques du terrorisme sont contraires

aux buts et aux principes de l'Organisation des Nations Unies et que le financement et l'organisation d'actes de terrorisme ou l'incitation à de tels actes en connaissance de cause sont également contraires aux buts et principes de l'Organisation des Nations Unies;

6. *Décide* de créer, en application de l'article 28 de son Règlement intérieur provisoire, un comité **du Conseil** de **sécurité** composé de tous les membres **du Conseil** et chargé de suivre l'application de la présente **résolution** avec l'aide des experts voulus, et *demande* à tous les États de faire rapport au Comité, 90 jours au plus tard après la date de l'adoption de la présente **résolution** puis selon le calendrier qui sera proposé par le Comité, sur les mesures qu'ils auront prises pour donner suite à la présente **résolution**;

7. *Donne pour instructions* au Comité de définir ses tâches, de présenter un programme de travail 30 jours au plus tard après l'adoption de la présente **résolution** et de réfléchir à l'appui dont il aura besoin, en consultation avec le Secrétaire général;

8. *Se déclare* résolu à prendre toutes les mesures nécessaires pour assurer la pleine application de la présente **résolution**, conformément aux responsabilités qui lui incombent en vertu de la Charte;

9. *Décide* de demeurer saisi de la question.

ANNEXE 5

STATUT DE ROME DE LA COUR PENALE INTERNATIONALE DU 17 JUILLET 1998

Chapitre II - Compétence, recevabilité et droit Applicable

Article 5 - *Crimes relevant de la compétence de la Cour*

1. La compétence de la Cour est limitée aux crimes les plus graves qui touchent l'ensemble de la communauté internationale. En vertu du présent Statut, la Cour a compétence à l'égard des crimes suivants:

a) Le crime de génocide;
b) Les crimes contre l'humanité;
c) Les crimes de guerre;
d) Le crime d'agression.

2. La Cour exercera sa compétence à l'égard du crime d'agression quand une disposition aura été adoptée conformément aux articles 121 et 123, qui définira ce crime et fixera les conditions de l'exercice de la Compétence de la Cour à son égard. Cette disposition devra être compatible avec les dispositions pertinentes de la Charte des Nations Unies.

Article 6 - *Crime de génocide*

Aux fins du présent Statut, on entend par crime de génocide l'un quelconque des actes ci-après commis dans l'intention de détruire, en tout ou en partie, un groupe national, ethnique, racial ou religieux, comme tel:

a) Meurtre de membres du groupe;
b) Atteinte grave à l'intégrité physique ou mentale de membres du groupe;
c) Soumission intentionnelle du groupe à des conditions d'existence

devant entraîner sa destruction physique totale ou partielle;
d) Mesures visant à entraver les naissances au sein du groupe;
e) Transfert forcé d'enfants du groupe à un autre groupe.

Article 7 - *Crimes contre l'humanité*

1. Aux fins du présent Statut, on entend par crime contre l'humanité l'un quelconque des actes ci-après lorsqu'il est commis dans le cadre d'une attaque généralisée ou systématique lancée contre toute population civile et en connaissance de cette attaque:

a) Meurtre;
b) Extermination;
c) Réduction en esclavage;
d) Déportation ou transfert forcé de population;
e) Emprisonnement ou autre forme de privation grave de liberté physique en violation des dispositions fondamentales du droit international
f) Torture;
g) Viol, esclavage sexuel, prostitution forcée, grossesse forcée, stérilisation forcée ou toute autre forme de violence sexuelle de gravité comparable;
h) Persécution de tout groupe ou de toute collectivité identifiable pour des motifs d'ordre politique, racial, national, ethnique, culturel, religieux ou sexiste au sens du paragraphe 3, ou en fonction d'autres critères universellement reconnus comme inadmissibles en droit international, en corrélation avec tout acte visé dans le présent paragraphe ou tout crime relevant de la compétence de la Cour;
i) Disparitions forcées de personnes;
j) Crime d'apartheid;
k) Autres actes inhumains de caractère analogue causant intentionnellement de grandes souffrances ou des atteintes graves à l'intégrité physique ou à la santé physique ou mentale.

2. Aux fins du paragraphe 1:

a) Par «attaque lancée contre une population civile», on entend le comportement qui consiste en la commission multiple d'actes visés au paragraphe 1 à l'encontre d'une population civile quelconque, en application ou dans la poursuite de la politique d'un État ou d'une organisation ayant pour but une telle attaque;

b) Par «extermination», on entend notamment le fait d'imposer intentionnellement des conditions de vie, telles que la privation d'accès à la nourriture et aux médicaments, calculées pour entraîner la destruction d'une partie de la population;

c) Par «réduction en esclavage», on entend le fait d'exercer sur une personne l'un quelconque ou l'ensemble des pouvoirs liés au droit de propriété, y compris dans le cadre de la traite des être humains, en particulier des femmes et des enfants;

d) Par «déportation ou transfert forcé de population», on entend le fait de déplacer de force des personnes, en les expulsant ou par d'autres moyens coercitifs, de la région où elles se trouvent légalement, sans motifs admis en droit international;

e) Par «torture», on entend le fait d'infliger intentionnellement une douleur ou des souffrances aiguës, physiques ou mentales, à une personne se trouvant sous sa garde ou sous son contrôle; l'acception de ce terme ne s'étend pas à la douleur ou aux souffrances résultant uniquement de sanctions légales, inhérentes à ces sanctions ou occasionnées par elles;

f) Par «grossesse forcée», on entend la détention illégale d'une femme mise enceinte de force, dans l'intention de modifier la composition ethnique d'une population ou de commettre d'autres violations graves du droit international. Cette définition ne peut en aucune manière s'interpréter comme ayant une incidence sur les lois nationales relatives à la grossesse;

g) Par «persécution», on entend le déni intentionnel et grave de droits fondamentaux en violation du droit international, pour des motifs liés à l'identité du groupe ou de la collectivité qui en fait l'objet;

h) Par «crime d'apartheid», on entend des actes inhumains analogues à ceux que vise le paragraphe 1, commis dans le cadre d'un régime institutionnalisé d'oppression systématique et de domination d'un groupe racial sur tout autre groupe racial ou tous autres groupes raciaux et dans l'intention de maintenir ce régime;

i) Par «disparitions forcées de personnes», on entend les cas où des personnes sont arrêtées, détenues ou enlevées par un État ou une organisation politique ou avec l'autorisation, l'appui ou l'assentiment de cet État ou de cette organisation, qui refuse ensuite d'admettre que ces personnes sont privées de liberté ou de révéler le sort qui leur est réservé ou l'endroit où elles se trouvent, dans l'intention de les soustraire à la protection de la loi pendant une période prolongée.

3. Aux fins du présent Statut, le terme «sexe» s'entend de l'un et l'autre sexes, masculin et féminin, suivant le contexte de la société. Il n'implique aucun autre sens.

Article 8 - *Crimes de guerre*

1. La Cour a compétence à l'égard des crimes de guerre, en particulier lorsque ces crimes s'inscrivent dans le cadre d'un plan ou une politique ou lorsqu'ils font partie d'une série de crimes analogues commis sur une grande échelle.
2. Aux fins du Statut, on entend par «crimes de guerre»:

a) Les infractions graves aux Conventions de Genève du 12 août 1949, à savoir l'un quelconque des actes ci-après lorsqu'ils visent des personnes ou des biens protégés par les dispositions des Conventions de Genève:

i) L'homicide intentionnel;

ii) La torture ou les traitements inhumains, y compris les expériences biologiques;

iii) Le fait de causer intentionnellement de grandes souffrances ou de porter gravement atteinte à l'intégrité physique ou à la santé;

iv) La destruction et l'appropriation de biens, non justifiées par des nécessités militaires et exécutées sur une grande échelle de façon illicite et arbitraire;

v) Le fait de contraindre un prisonnier de guerre ou une personne protégée à servir dans les forces d'une puissance ennemie;

vi) Le fait de priver intentionnellement un prisonnier de guerre ou toute autre personne protégée de son droit d'être jugé régulièrement et impartialement;

vii) La déportation ou le transfert illégal ou la détention illégale;

viii) La prise d'otages;

b) Les autres violations graves des lois et coutumes applicables aux conflits armés internationaux dans e cadre établi du droit international, à savoir, l'un quelconque des actes ci-après:

i) Le fait de lancer des attaques délibérées contre la population civile en général ou contre des civils qui ne prennent pas directement part aux hostilités;

ii) Le fait de lancer des attaques délibérées contre des biens civils, c'est-à-dire des biens qui ne sont pas des objectifs militaires;

iii) Le fait de lancer des attaques délibérées contre le personnel, les installations, le matériel, les unités ou les véhicules employés dans le cadre d'une mission d'aide humanitaire ou de maintien de la paix conformément à la Charte des Nations Unies, pour autant qu'ils aient droit à la protection que le droit international des conflits armés garantit aux civils et aux biens de caractère civil;

iv) Le fait de lancer une attaque délibérée en sachant qu'elle causera incidemment des pertes en vies humaines ou des blessures parmi la population civile, des dommages aux biens de caractère civil ou des dommages étendus, durables et graves à l'environnement naturel qui seraient manifestement excessifs par rapport à l'ensemble de l'avantage militaire concret et direct attendu;

v) Le fait d'attaquer ou de bombarder, par quelque moyen que ce soit, des villes, villages, habitations ou bâtiments qui ne sont pas défendus et qui ne sont pas des objectifs militaires;

vi) Le fait de tuer ou de blesser un combattant qui, ayant déposé les armes ou n'ayant plus de moyens de se défendre, s'est rendu à discrétion;

vii) Le fait d'utiliser indûment le pavillon parlementaire, le drapeau ou les insignes militaires et l'uniforme de l'ennemi ou de l'Organisation des Nations Unies, ainsi que les signes distinctifs prévus par les Conventions de Genève, et, ce faisant, de causer la perte de vies humaines ou des blessures graves;

viii) Le transfert, direct ou indirect, par une puissance occupante d'une partie de sa population civile, dans le territoire qu'elle occupe, ou la déportation ou le transfert à l'intérieur ou hors du territoire occupé de la totalité ou d'une partie de la population de ce territoire;

ix) Le fait de lancer des attaques délibérées contre des bâtiments consacrés à la religion, à l'enseignement, à l'art, à la science ou à l'action caritative, des monuments historiques, des hôpitaux et des lieux où des malades ou des blessés sont rassemblés, pour autant que ces bâtiments ne soient pas des objectifs militaires;

x) Le fait de soumettre des personnes d'une partie adverse tombées en son pouvoir à des mutilations ou à des expériences médicales ou scientifiques quelles qu'elles soient qui ne sont ni motivées par un traitement médical, dentaire ou hospitalier, ni effectuées dans l'intérêt de ces personnes, et qui entraînent la mort de celles-ci ou mettent sérieusement en danger leur santé;

xi) Le fait de tuer ou de blesser par traîtrise des individus appartenant à la nation ou à l'armée ennemie;

xii) Le fait de déclarer qu'il ne sera pas fait de quartier;

xiii) Le fait de détruire ou de saisir les biens de l'ennemi, sauf dans les cas où ces destructions ou saisies seraient impérieusement commandées par les nécessités de la guerre;

xiv) Le fait de déclarer éteints, suspendus ou non recevables en justice les droits et actions des nationaux de la partie adverse;

xv) Le fait pour un belligérant de contraindre les nationaux de la partie adverse à prendre part aux opérations de guerre dirigées contre leur pays, même s'ils étaient au service de ce belligérant avant le commencement de la guerre;

xvi) Le pillage d'une ville ou d'une localité, même prise d'assaut;

xvii) Le fait d'utiliser du poison ou des armes empoisonnées;

xviii) Le fait d'utiliser des gaz asphyxiants, toxiques ou assimilés et tous liquides, matières ou engins analogues;

xix) Le fait d'utiliser des balles qui se dilatent ou s'aplatissent facilement dans le corps humain, telles que des balles dont l'enveloppe dure ne recouvre pas entièrement le centre ou est percée d'entailles;

xx) Le fait d'employer les armes, projectiles, matériels et méthodes de combat de nature à causer des maux superflus ou des souffrances inutiles ou à agir sans discrimination en violation du droit international des conflits armés, à condition que ces armes, projectiles, matériels et méthodes de combat fassent l'objet d'une interdiction générale et qu'ils soient inscrits dans une annexe au présent Statut, par voie d'amendement adopté selon les dispositions des articles 121 et 123;

xxi) Les atteintes à la dignité de la personne, notamment les traitements humiliants et dégradants;

xxii) Le viol, l'esclavage sexuel, la prostitution forcée, la grossesse forcée, telle que définie à l'article 7, paragraphe 2, alinéa f), la stérilisation forcée ou toute autre forme de violence sexuelle constituant une infraction grave aux Conventions de Genève;

xxiii) Le fait d'utiliser la présence d'un civil ou d'une autre personne protégée pour éviter que certains points, zones ou forces militaires ne soient la cible d'opérations militaires;

xxiv) Le fait de lancer des attaques délibérées contre les bâtiments, le matériel, les unités et les moyens de transport sanitaires, et le personnel utilisant, conformément au droit international, les signes distinctifs prévus par les Conventions de Genève;

xxv) Le fait d'affamer délibérément des civils comme méthode de guerre, en les privant de biens indispensables à leur survie, y compris en empêchant intentionnellement l'envoi des secours prévus par les Conventions de Genève;

xxvi) Le fait de procéder à la conscription ou à l'enrôlement d'enfants de moins de 15 ans dans les forces armées nationales ou de les faire participer activement à des hostilités;

c) En cas de conflit armé ne présentant pas un caractère international, les violations graves de l'article 3 commun aux quatre Conventions de Genève du 12 août 1949, à savoir l'un quelconque des actes ci-après commis à l'encontre de personnes qui ne participent pas directement aux hostilités, y compris les membres de forces armées qui ont déposé les armes et les personnes qui ont été mises hors de combat par maladie, blessure, détention ou par toute autre cause:

i) Les atteintes à la vie et à l'intégrité corporelle, notamment le meurtre sous toutes ses formes, les mutilations, les traitements cruels et la torture;

ii) Les atteintes à la dignité de la personne, notamment les traitements humiliants et dégradants;

iii) Les prises d'otages;

iv) Les condamnations prononcées et les exécutions effectuées sans un jugement préalable, rendu par un tribunal régulièrement constitué, assorti des garanties judiciaires généralement reconnues comme indispensables;

d) L'alinéa c) du paragraphe 2 s'applique aux conflits armés ne présentant pas un caractère international et ne s'applique donc pas aux situations de troubles et tensions internes telles que les émeutes, les actes isolés et sporadiques de violence ou les actes de nature similaire;

e) Les autres violations graves des lois et coutumes applicables aux conflits armés ne présentant pas un caractère international, dans le cadre établi du droit international, à savoir l'un quelconque des actes ci-après:

i) Le fait de lancer des attaques délibérées contre la population civile en général ou contre des civils qui ne prennent pas directement part aux hostilités;
ii) Le fait de lancer des attaques délibérées contre les bâtiments, le matériel, les unités et les moyens de transport sanitaires, et le personnel utilisant, conformément au droit international, les signes distinctifs des Conventions de Genève;

iii) Le fait de lancer des attaques délibérées contre le personnel, les installations, le matériel, les unités ou les véhicules employés dans le cadre d'une mission d'aide humanitaire ou de maintien de la paix conformément à la Charte des Nations Unies, pour autant qu'ils aient droit à la protection que le droit international des conflits armés garantit aux civils et aux biens de caractère civil;

iv) Le fait de lancer des attaques délibérées contre des bâtiments consacrés à la religion, à l'enseignement, à l'art, à la science ou à l'action caritative, des monuments historiques, des hôpitaux et des lieux où des malades et des blessés sont rassemblés, pour autant que ces bâtiments ne soient pas des objectifs militaires;

v) Le pillage d'une ville ou d'une localité, même prise d'assaut;

vi) Le viol, l'esclavage sexuel, la prostitution forcée, la grossesse forcée, telle que définie à l'article 7, paragraphe 2, alinéa f), la stérilisation forcée, ou toute autre forme de violence sexuelle constituant une infraction grave à l'article 3 commun aux quatre Conventions de Genève;

vii) Le fait de procéder à la conscription ou à l'enrôlement d'enfants de moins de 15 ans dans les forces armées ou dans des groupes ou de les faire participer activement à des hostilités;

viii) Le fait d'ordonner le déplacement de la population civile pour des raisons ayant trait au conflit, sauf dans les cas où la sécurité des civils ou des impératifs militaires l'exigent;

ix) Le fait de tuer ou de blesser par traîtrise un adversaire combattant;

x) Le fait de déclarer qu'il ne sera pas fait de quartier;

xi) Le fait de soumettre des personnes d'une autre partie au conflit tombées en son pouvoir à des mutilations ou à des expériences médicales ou scientifiques quelles qu'elles soient qui ne sont ni motivées par un traitement médical, dentaire ou hospitalier, ni effectuées dans l'intérêt de ces personnes, et qui entraînent la mort de celles-ci ou mettent sérieusement en danger leur santé;

xii) Le fait de détruire ou de saisir les biens d'un adversaire, sauf si ces destructions ou saisies sont impérieusement commandées par les nécessités du conflit;

f) L'alinéa e) du paragraphe 2 s'applique aux conflits armés ne présentant pas un caractère international et ne s'applique donc pas aux situations de troubles et tensions internes telles que les émeutes, les actes isolés et sporadiques de violence ou les actes de nature similaire. Il s'applique aux conflits armés qui opposent de manière prolongée sur le territoire d'un État les autorités du gouvernement de cet État et des groupes armés organisés ou des groupes armés organisés entre eux.

3. Rien dans le paragraphe 2, alinéas c) et e), n'affecte la responsabilité

d'un gouvernement de maintenir ou rétablir l'ordre public dans l'État ou de défendre l'unité et l'intégrité territoriale de l'État par tous les moyens légitimes.

Gestion et Economie
à l'Harmattan

LES CONTRÔLEURS DE GESTION
L'histoire et les conditions d'exercice de la profession
BOLLECKER Marc
La fonction contrôle de gestion connaît actuellement une période de profonde transformation. Elle cherche, depuis le début des années 1980, à s'adapter progressivement à des entreprises en mutation permanente ainsi qu'à la complexité et au dynamisme de leur environnement économique. Les contrôleurs de gestion voient-ils leur activité évoluer ? Assiste-t-on à un développement des activités traditionnelles de traitement de l'information comptable ou, au contraire, à leur atténuation. Quelle place est accordée aux activités nobles de conseil aux décideurs tant convoitées par les contrôleurs de gestion ?
(Coll. Dynamiques d'entreprises, 16 €, 184 p)   ISBN 2-7475-4769-8

CRISE ET DÉSORGANISATION DE L'ENTREPRISE
L'organisation comme espace
ATTIAS-BONNIVARD Danièle
Pourquoi des entreprises meurent-elles ? Cette question trouve, à partir des travaux de la philosophe allemande Hannah ARENDT, une formulation nouvelle. L'entreprise donne à voir des signes de crise autant dans les discours que dans les manifestations physiques des acteurs. L'auteur analyse le cas Maryflo, une entreprise performante qui subit une crise de désorganisation telle que l'issue sera la mort de l'entreprise. Cette autopsie d'une entreprise offre une grille de lecture pertinente pour permettre à des managers de repérer les symptômes qui préfigurent une crise.
(Coll. L'esprit économique, Série : Economie et Innovation, 12.50 €, 130 p)
ISBN 2-7475-7337-0

DÉCIDER DANS LES ORGANISATIONS
Dialogues critiques entre économie et gestion
Sous la direction de : Jean-Robert ALCARAS, Patrick GIANFALDONI et Gilles PACHE
Préface de Jean-Louis LE MOIGNE
La décision intéresse au premier chef les sciences économiques et les sciences de gestion et, au-delà, l'ensemble des sciences de l'homme et de la société. En effet, afin de produire ou de consommer des biens ou des services, les Hommes doivent d'abord produire des décisions. Autant dire que ces disciplines devront toujours rester attentives à la façon dont se déroule la prise de décision dans les organisations. Le présent ouvrage aborde la question en traversant, de chapitre en chapitre, différents champs thématiques.
(21.50 €, 250 p)   ISBN 2-7475-6066-X

ANALYSE SECTORIELLE
Méthodologie et application aux technologies de l'information
GENTHON Christian
Economistes et gestionnaires produisent chaque année de nombreuses analyses de secteur. Pourtant, il n'existe pas d'ouvrage facilement accessible présentant la manière dont sont conçues ces études. Ce livre tente de combler cette lacune en proposant une méthode d'analyse de secteur. Son objectif est de fournir une présentation des outils de l'analyse sectorielle et d'articuler leurs relations de manière à développer une méthodologie générale. La seconde partie de l'ouvrage analyse : l'industrie informatique, le secteur des services informatiques et enfin l'industrie du logiciel.
(Coll. L'esprit économique, Série Cours Principaux, 17.50 €, 198 p)
ISBN 2-7475-6785-0

AUTOUR DU DÉVELOPPEMENT DURABLE
RISQUES & MANAGEMENT INTERNATIONAL 3
Les différents articles de ce numéro abordent les grands enjeux du développement durable, notamment le réchauffement climatique et la problématique des énergies non renouvelables, mais aussi l'intérêt qu'a l'entreprise à s'investir dans le développement durable, afin d'accroître sa performance dans le long terme. Un axe central ressort au final : l'innovation technologique, la création de nouveaux business models, la multiplication des moyens de pression et la création de nouvelles formes de dialogues.
(23 €, 267 p)
ISBN 2-7475-6636-6

COMMUNICATION ORGANISATIONELLE. Une perspective allagmatique
CARAYOL Valérie
Dans cet ouvrage, sont analysées les politiques d'image, de relations publiques, de partenariat, les pratiques de fidélisation, d'incitation, de médiation ou encore d'imitation et de "benchmarking". La perspective théorique développée est solidement argumentée. Le terme "allagmatique", du grec allagma, qui signifie changement, illustre l'aspect dynamique de l'approche proposée. Les professionnels de la communication soucieux d'analyser leurs pratiques, les étudiants avancés comme les chercheurs en sciences de l'information et de la communication trouveront matière à une réflexion approfondie.
(Coll. Communication des Organisations, 20 €, 235 p)
ISBN 2-7475-6152-6

COMPÉTENCES, CARRIÈRES, ÉVOLUTIONS AU TRAVAIL
Sous la direction de Alain LANCRY et Claude LEMOINE
Cet ouvrage est consacré aux questions se rapportant aux compétences acquises ou sollicitées au travail, à la carrière professionnelle et aux évolutions par et dans le travail. Plusieurs thèmes y sont abordés : le recrutement, l'évaluation du personnel, les mesures en gestion des ressources humaines... Une série d'articles traite des compétences : la relation aux référentiels d'emplois, le bilan chez les jeunes sans qualification... L'entrée dans le métier, la formation continue et les itinéraires professionnels constituent la troisième partie.
(Coll. Psychologie du travail et des ressources humaines, 23 €, 270 p)
ISBN 2-7475-6567-X

LA DÉRIVE DE L'ÉCONOMIE FRANÇAISE 1958-1981
DUMAS Georges
Préface de Michel ROCARD
Jusqu'en 1969 les modérés ont miné le pouvoir gaulliste, prudemment d'abord puis ouvertement à partir de 1966, et finalement poussé le Général à la retraite. L'économie et les finances de la France ont fait les frais de cette conquête du pouvoir. La vieille droite a pris peu à peu tous les pouvoirs: elle s'est nourrie de l'inflation, éphémère tranquillisant, a cultivé la croissance douce, synonyme de stagnation, a ignoré la dégradation du climat social, et s'est ralliée définitivement à l'atlantisme, programmant ainsi son échec de 1981.
(Coll. finances publiques, 25 €, 290 p)   *ISBN 2-7475-5474-0*

LA DÉRIVE ORGANISATIONNELLE
PESQUEUX Yvon, TRIBOULOIS Bruno
"L'évidence" du changement organisationnel est devenue un tel poncif aujourd'hui qu'il mérite un sérieux questionnement. Cet ouvrage met en perspective les logiques du changement organisationnel pour qu'il ne soit plus considéré comme un remède à tout. Il aborde des questions telles que le regard qu'il est possible de porter sur les deux grandes perspectives biologiques que sont le transformisme lamarckien et la sélection darwinienne, le changement voulu par les hommes ou "imposé" par le contexte avant d'examiner la question de la résistance au changement.
(Coll. Dynamiques d'entreprises, 17.50 €, 196 p)   *ISBN 2-7475-6291-3*

LE DIAGNOSTIC STRATÉGIQUE ET LA GESTION DE LA QUALITÉ
SIEGEL Dominique
La gestion de la qualité représente un concept largement reconnu de nos jours. Mais, comment celui-ci se trouve-t-il intégré dans le diagnostic stratégique ? Cet ouvrage trace un cadre théorique pour comprendre les liens entre la matière stratégique et la gestion de la qualité. Une approche originale qui met en avant trois dimensions qui contribuent au développement d'une entreprise :
1) comment l'entreprise gère-t-elle ses processus et ses ressources humaines ?
2) Comment l'entreprise assure-t-elle l'intégration de ses produits auprès de sa clientèle ?
3) Comment l'entreprise communique-t-elle pour mieux vendre ?
(Coll. Dynamiques d'entreprises, 21.50 €, 252 p)   *ISBN 2-7475-7177-7*

ECONOMIE DU TRAVAIL ET DES RESSOURCES HUMAINES
DUTHIL Gérard
Le chômage est devenu en deux décennies le problème socio-économique le plus préoccupant de nos sociétés. De nombreux facteurs ont été avancés pour expliquer cette forte progression : des salaires trop élevés, une insuffisante formation, des rigidités trop fortes sur le marché... Cet ouvrage donne une vision objective de l'état du marché du travail et permet aux étudiants, aux organismes professionnels et à toute personne intéressée, de faire le point sur les mécanismes du fonctionnement de ce marché et sur les politiques menées par l'Etat et par les entreprises pour le dynamiser.
(Coll. Logiques Economiques, 30 €, 366 p)   *ISBN 2-7475-6547-5*

Achevé d'imprimer par Corlet Numérique - 14110 Condé-sur-Noireau
N° d'Imprimeur : 829415 - Septembre 2018 - Imprimé en France